基本５文型

英語には「語の並び方」にしっかりとしたルールがあります。「語の並び方」は基本的に５つの型（パターン）があり，これを「基本５文型」といいます。これは英文法の基礎の基礎ですから，下図を参考にして完璧に覚えましょう。動詞（**V**）が何かによってほぼ文型が決まるので，動詞の理解は非常に重要です。

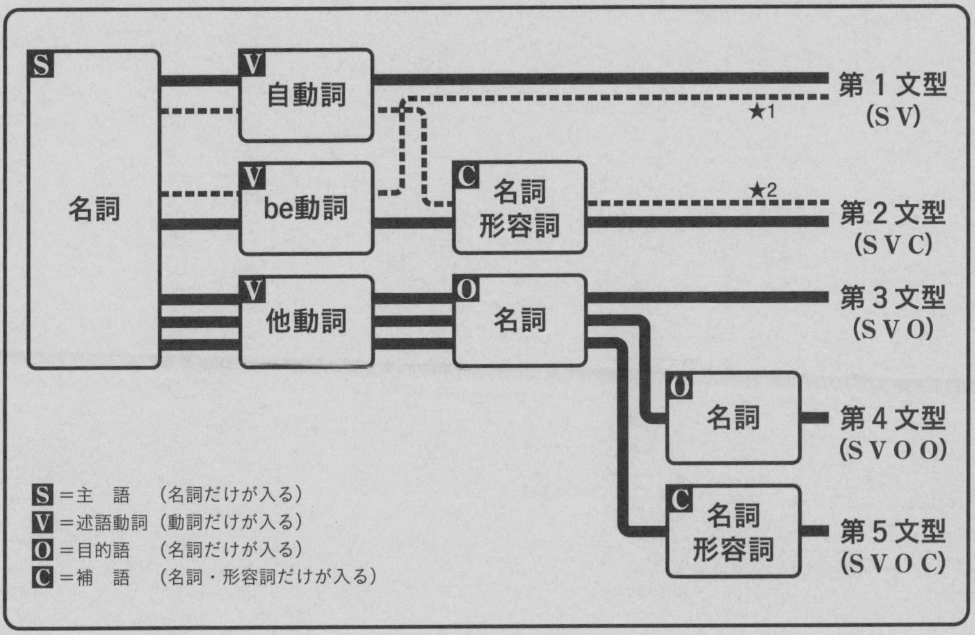

S 名詞
V 自動詞
V be動詞
V 他動詞
C 名詞 形容詞
O 名詞
O 名詞
C 名詞 形容詞
★1
★2
第１文型（S V）
第２文型（S V C）
第３文型（S V O）
第４文型（S V O O）
第５文型（S V O C）

S＝主　語　（名詞だけが入る）
V＝述語動詞（動詞だけが入る）
O＝目的語　（名詞だけが入る）
C＝補　語　（名詞・形容詞だけが入る）

■注意点

★1…「be動詞」は基本的に「第２文型」をとるが，**「存在（～にある，～にいる）」**の意味で使う場合は**「第１文型」**をとる。例：My school **is** near the station.（私の学校は駅の近く**にある。**）

★2…「自動詞」は基本的に「第１文型」をとるが，become〔～になる〕，look〔～に見える〕など，**「S＝C」**を表す自動詞は**「第２文型」**をとる。例：He **became** a doctor.（彼は医者**になった。**）

■重要ポイント

＊各文型の後ろには，修飾語が来る場合も多いが，文型には直接関係ない。

＊基本的に，英語は主語で始まる。主語の前に副詞（のかたまり）などの修飾語が入ることもあるが，文型には直接関係ない。

＊上図の「名詞」の前後には，その名詞を修飾する様々な語（形容詞の働きをする語）が付く場合も多いが，それら全体で「名詞」のかたまりだと考えること。

＊以下の文は，上記の「基本５文型」の例外。そのまま覚え

①「**There is[are]** ..... 」の文

②「**It is** ..... 」の文

③**感嘆文**（How ... (**S V**)！／ What a[an] ... ～ (**S V**)！）な

＊疑問文・否定文・命令文などは，この「基本５文型」が変　　　　　　「例外」にはあたらない。

英文法 レベル別問題集

3訂版

6 最上級編

Lesson 01 02 03 04 付録

東進ハイスクール・東進衛星予備校 講師
安河内 哲也
YASUKOCHI Tetsuya

まえがき

受験生の皆さん，「英文法レベル別問題集」の世界へようこそ。このレベル別問題集シリーズは，「今の自分のレベルから無理なく始めて，志望校のレベルまで最短距離で実力を引き上げる」というコンセプトで作られています。

また，すべての問題に一切の無駄を省いた的確な解説を付けることで，次々と解き進めるスピード感を保ちながら，自分のペースで独習できる問題集になるよう，さまざまな点に配慮して制作されました。

どんな学習においても，スモールステップで，地盤を固めながら自分の実力レベルを引き上げていくことが，最も確実で，最も効率的な方法です。

本シリーズでは，1冊で全レベルをカバーするのではなく，6段階（①～⑥）の「レベル別」の問題集にすることで，個人のレベルに応じた，きめの細かい効率的な学習を可能にしました。

例えば，有名私大・国立大学を目指す人は，レベル③・④で基礎を固め，最終的にレベル⑤・⑥を学習すると良いでしょう。また，英語をもう一度基礎からやり直したいと考えている人は，レベル①・②から学習を始めてください。

このように，右ページのレベル対照表などを参考にしつつ，自分の今のレベルと志望校レベルに合った学習をおすすめします。下は公立高校受験レベルから，上は難関大学入試レベルまで，皆さんの現段階のレベルに合わせて使用できるようになっています。

なお，今回の改訂によって，デザイン・内容等が一新されました。本書の洗練された見やすさ・使いやすさ，そしてわかりやすさを実感していただければ幸いです。さらに，単に「文法問題を解いて終わり」にするのではなく，ぜひ，本書に新しく追加された音声や動画を活用して繰り返し音読してください。最終的には，本書の問題文（英文）を耳で聞いてすべてわかるようになることを目指しましょう。

このレベル別問題集シリーズを1つずつこなしていくたびに，自分の英語力が確実に一段ずつ上がっていくのを感じることでしょう。ぜひ，本シリーズで皆さんの英語力を高め，合格への階段を一段ずつのぼってほしいと思います。

著者

▼志望校レベルと本書のレベル対照表

難易度	偏差値※1	志望校レベル※2 国公立大(例)	志望校レベル※2 私立大(例)	本書のレベル(目安)
難	～67	東京大	国際基督教大(教養),慶應義塾大(商,理工,看護医療),早稲田大(法,社会科,人間科,基幹理工,創造理工,先進理工)	⑥最上級編
	66～63	東北大	上智大(経済,総合グロ),青山学院大(文,経済,理工,社会情報),明治大(商,政経,文,農,経営,国際日本,総合数理),中央大(法,経済,商,理工,文,総合政策,国際経営,国際情報),同志社大(文,社会,商,経済,法,政策,文化情報,理工,スポ健,心理,グロコミュ,グロ地域,生命医科,神)	⑥最上級編 / ⑤上級編
	62～60	名古屋市立大(薬), 千葉大, 静岡県立大(国際関係学部)	東京理科大(理,工,創域理工など),法政大(経済,社会,現代福祉,理工,デザイン工など),学習院大(法,文,経済,国際社会科,理),武蔵大(経済,人文,社会,国際教養),中京大(国際,文,心理,法など),立命館大(法,産業社会),成蹊大(文,理工)	⑤上級編 / ④中級編
	59～57	静岡大, 高崎経済大, 山形大, 岐阜大, 和歌山大, 島根大, 群馬大(情報学部, 理工学部)	津田塾大(学芸,総合政策),関西学院大(文,社会など),獨協大(外国語,国際教養など),國學院大(文,神道文化,法など),成城大(社会イノベ,文芸など),南山大(人文,外国語など),武蔵野大(文,グローバルなど),京都女子大(文,発達教育など),駒澤大(文,医療健康など),専修大(経済,法など),東洋大(文,経済,理工など),日本女子大(文,家政,理)	⑤上級編 / ④中級編
	56～55	高知大, 長崎大, 鹿児島大,福島大(人文社会学群, 農学群)	玉川大(文,経営,教育など),東海大(文,文化社会,法など),文教大(文,経営,国際など),立正大(心理,法,経営など),西南学院大(商,経済,法など),近畿大(法,経済,経営など),東京女子大(現代教養),日本大(法,文理,経済など),龍谷大(文,経済,経営など),甲南大(文,経済,法など)	④中級編 / ③標準編
	54～51	琉球大, 長崎県立大, 青森公立大, 秋田県立大	亜細亜大(経営,経済など),大正大(文,仏教など),国士舘大(政経,法など),東京経済大(経営,コミュ など),名城大(経営など),武庫川女子大(文,教育など),福岡大(人文,経済など),杏林大(外国語など),京都産業大(経済など),創価大(教育など),帝京大(経済,文など),神戸学院大(経営,経済など)	③標準編
	50～	職業能力開発総合大	大東文化大(文,経済,外国語など),追手門学院大(法,文,国際など),関東学院大(経済,経営,法など),桃山学院大(経済,経営,法など),九州産業大(経済,商,国際文化など),拓殖大(商,政経など),摂南大(経済,経営,法など),札幌大(地域共創学群)	③標準編 / ②初級編
	-	難関公立高校(高1・2生)	難関私立高校(高1・2生)	②初級編 / ①超基礎編
易		一般公立高校(中学基礎～高校入門)	一般私立高校(中学基礎～高校入門)	①超基礎編

※1:主に文系学部(前期)の平均偏差値。偏差値は, 東進模試によるおおよその目安です。
※2:このレベル対照表には, 2021～2023年度の入試において文法問題が出題されていた大学・学部の一例を掲載しています。

改訂点と問題構成

発売以来多くの受験生から支持を集め，ベストセラーとなったこの「英文法レベル別問題集」ですが，さらにすぐれた問題集になるよう，以下の点を徹底的に追求して改訂を行いました。

● 主な改訂点 ●

①デザインを一新し，より見やすく，シンプルで使いやすい問題集にした。

②「ポイント講義」を新規掲載。国公立大二次・私大入試の文法問題で頻出の形式を４つに分類し，それぞれの「解き方・考え方」を解説した。

③復習も含めてこの１冊でできるように，音声・動画を追加した。

本シリーズは，旧版『英文法レベル別問題集【改訂版】』に引き続き，下記表のような問題構成になっています（収録している問題は，旧版と同一のものです）。英文法の全項目を，それぞれのレベルに合わせて何度も繰り返し学習することで，着実に得点力を上げていくことができるシステムになっています。

▶各レベルの文法項目と収録問題数

項目	①	②	③	④	⑤	⑥	合計
動詞	10	20	14	28	30	●	102 問
時制	10	10	14	14		●	48 問
助動詞	20	20		14		●	54 問
受動態	20		28			●	48 問
不定詞	20	10	28	14	10	●	82 問
動名詞	20	10	28	14	7	●	79 問
分詞	20	20	28	14	7	●	89 問
分詞構文			28	14	6	●	48 問
関係詞	20	20	28	28	30	●	126 問
比較	20	20	28	28	30	●	126 問
仮定法		10	28	28	30	●	96 問
名詞・代名詞	20	20		28	30	●	98 問
形容詞・副詞					30	●	30 問
前置詞・接続詞		20		28	30	●	78 問
否定					30	●	30 問
その他	20	20	28	28	30	●	126 問
合計	200 問	200 問	280 問	280 問	300 問	310 問	1570 問

※赤丸数字は問題数。「動詞・時制」など，１レッスンに２つの項目がある場合は問題数を二分割して計算。
※中間テスト（各レベルに計 45 ～60 問あり）の問題数は含んでいません。
※レベル⑥の構成は文法項目ごとではない（問題形式ごとである）ため，問題数は表記していません。

レベル⑥の特徴

こんな人に最適！

☑ 最難関大学に通用する高度な英文法・語法の力を身に付けたい人
☑ 難関私大・難関国公立大合格を目指す人
☑ あらゆる最難関の資格試験に挑戦したい人

レベル⑥の位置付け

このレベルでは，東大や早慶上智などの最難関大学で出題された問題を中心に練習することで，英文法・語法の力の完成を目指します。

レベル⑤までは項目別に分類してありましたが，レベル⑥ではあえて項目別分類をやめ，**実際の入試で出題された配列で学習**します。英文法ばかりでなく，語彙や熟語の知識が同時に問われることも多いので，これまで学習した英文法を基礎にそれらを推測する力も求められます。

最難関大学の問題で実戦力をつける！

レベル⑥は最難関大学の問題なので，非常にまぎらわしい選択肢が多く，曖昧な理解では簡単に引っかけられてしまうでしょう。解説をよく読み，「なぜその答えになるのか」を考えながら学習することが重要です。設問や選択肢に対する鋭い目，出題者の意図を見抜く力をさらに磨き上げていきましょう。

英文法・語法はもう完璧！

レベル⑥を終了すれば，東大や早慶上智をはじめとする**最難関大学の入試に向かう万全な準備ができた**といえます。今後は志望する大学の出題傾向を十分に研究し，その傾向に応じて**過去問の演習**に取り組みましょう。もちろん，理解が不十分だと感じる文法項目が見つかったら，もう一度基礎レベルから復習することも大切です。

そして，ここまで習得した高度な知識を大学入試だけで終わらせるのは非常にもったいないことです。TOEIC・TOEFL・英検などの資格試験にどんどん挑戦し，自分のスキルを高めていくことをおすすめします。

なお，本シリーズでは，英文法・語法のみに焦点を当ててきましたが，今後は「**話す・聞く・書く・読む**」分野にも同じだけの労力を投資して学習すると，さらに得るものが大きいと思います。さらなる英語の世界を追求し，語学の楽しみをもっともっと味わってください。

本書の使い方

1 問題を解く

本書では，難関私大・国公立大で実際に出題された英文法問題を，出題形式ごとに全4レッスンに分けています。各レッスンの最初に「学習ポイント」の講義があり，そのあと「問題」が収録されています。

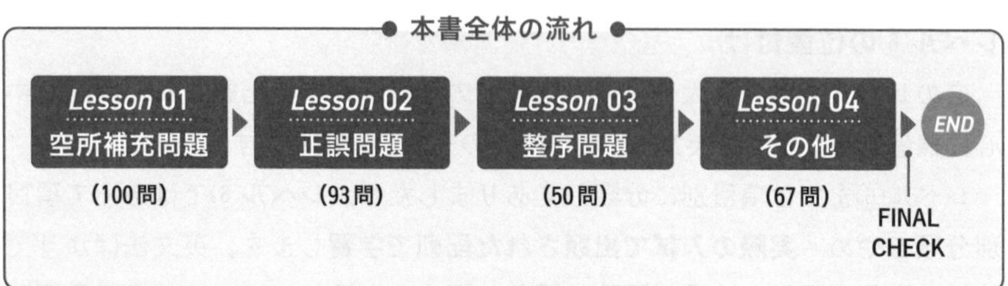

❶ポイント講義

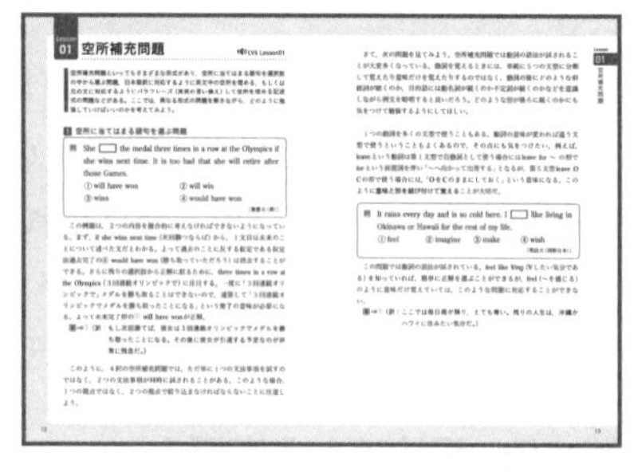

各レッスンの最初に，そのレッスンで扱う出題形式の解き方・考え方について講義を行います。出題者の意図を見抜き，正解を素早く判断するために大切な**学習のポイント**を明確にします。重要な語句・表現は，例文とセットで確認しましょう。

※すべてのレッスンを学習したら，FINAL CHECKで本書の理解度を確認しましょう。❶と❷を復習してから取り組みましょう。

❷問題

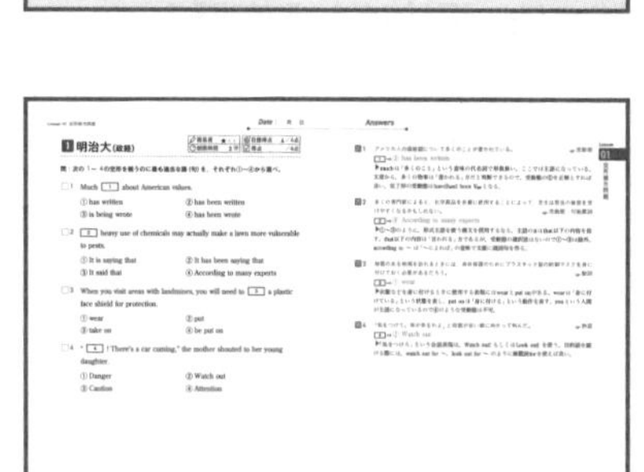

各問題は見開きで構成されています。レベル・項目に応じて必要な良問を厳選収録しています。問題には以下の4パターンがあります。

①**空所補充問題**…英文の空所を補う
②**正誤問題**………英文の誤りを指摘する
③**整序問題**………英文を正しく並べ替える
④**その他**…………上記以外の形式の問題

※問題の一部を改編した場合は〈改〉と記してあります。

【問題(左ページ)】

▶はじめに設問文(「問」と書かれた指示文)を読み，何が問われているのか，何を解答しなければならないのかを理解しましょう。
▶問題には，それぞれ難易度・目標時間・目標得点が示されています。学習時の参考にしてください。
▶間違えたり理解できなかったりした問題は□にチェックし，あとで再チャレンジしましょう。

【解答(右ページ)】

▶各問題がどの文法事項に関連しているかを☞マークで明示しています。復習の際に参考にしてください。(整序問題では，複数の文法事項が同時に試されているため，特定の文法事項は記載していません)
▶解答・解説はしおりや赤シートで隠して学習することもできます。

2 音声・動画で復習する

本書で学習した後は，付属の「**読み上げ音声**」と「**リスニング動画**」で復習しましょう。英文を繰り返し音読することで，リスニング力の向上にもつながります。**オーバーラッピング**（英文を見ながら音声と同時に音読する）や**シャドーイング**（音声を追いかけるように音読する）などに活用してください。

❶読み上げ音声の使い方

「問題」で出題されているすべての問題文（英文・和訳）の読み上げ音声を聴くことができます。音声はレッスンごとに分けられており，「問１英文→問１和訳→問２英文→問２和訳→…」の順に流れます。音声ファイルの名称は下記のように付けられています。

01 LV6 Lesson01 .mp3
（01：トラック名　LV6：レベル　Lesson01：レッスン）

【音声の再生方法】

(1)**ダウンロードして聞く**（PC をお使いの場合）

「東進 WEB 書店（https://www.toshin.com/books/）」の本書ページにアクセスし，パスワード「GwBLV6m4r9」を入力してください。mp3 形式の音声データをダウンロードできます。

(2)**ストリーミング再生で聞く**（スマートフォンをお使いの場合）

右の QR コードを読み取り，「書籍音声の再生はこちら」ボタンを押してパスワード「GwBLV6m4r9」を入力してください。

※ストリーミング再生は，パケット通信料がかかります。

❷リスニング動画の使い方

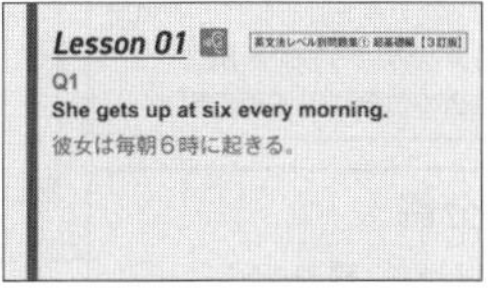

画面に問題文（英文・和訳）が表示され，それに合わせて「問１英文→問１和訳→問２英文→問２和訳→…」の順に音声が流れます。再生される音声は❶の読み上げ音声と同じものです。

【動画の再生方法】

右の QR コードを読み取ると，専用ページにアクセスできます。*Lesson* 01 〜 *Lesson* 04 が一覧になっているので，学習したいレッスンの URL を選んで視聴してください。専用ページをブックマーク（お気に入り）登録しておけば，本書を持ち歩かなくても復習ができます。

※本書に収録している音声は，アプリ「東進ブックス Store」の『英文法レベル別問題集【改訂版】』と同じ音声を使用しています。

▼本シリーズの学習内容全体図

① 超基礎編
01 動詞・時制
1 現在進行形 2 過去形
3 現在完了形
02 助動詞
1 shall を使った文
2 must の 2 つの意味
3 had better の用法
03 代名詞
1 所有代名詞 2 -thing 形の名詞
3 人を表すさまざまな代名詞
4 再帰代名詞
04 受動態
1 受動態の作り方
2 受動態と時制 3 by ～ の省略
4 made の後ろの前置詞の違い
5 感情を表す受動態
05 比較
1 比較級・最上級の作り方
2 比較の重要構文
3 不規則変化をする形容詞・副詞
4 基数と序数
06 不定詞
1 不定詞の基本 3 用法
2 疑問詞＋不定詞
3 ... enough to V 構文
4 too ... to V 構文
5 不定詞のみを目的語にとる動詞
07 動名詞
1 動名詞のみを目的語にとる動詞
2 前置詞の後ろの動名詞
3 主語の位置に来る動名詞
08 分詞
1 過去分詞 2 現在分詞
3 分詞の位置
09 関係代名詞
1 主格 (who, which, that)
2 目的格 (whom, which, that)
3 所有格 (whose)
10 その他
1 期間を表す前置詞
2 不可算名詞の数え方
3 疑問詞を用いた文
② 初級編
01 動詞
1 自動詞と他動詞
2 第 2 文型 3 第 5 文型
02 助動詞
1 must not と don't have to の違い
2 助動詞の慣用表現
3 助動詞の推量の意味
03 不定詞・動名詞
1 不定詞の形容詞的用法
2 形式主語
3 動名詞のみを目的語にとる動詞
04 分詞
1 Ving (能動の関係)
2 Vpp (受動の関係)
3 V+O+分詞
4 Ving (現在分詞) と Vpp (過去分詞)
05 比較
1 比較級・最上級の作り方
2 比較級を使った基本表現
3 倍数表現 4 比較の強調
5 比較級・最上級で不規則変化をする形容詞・副詞
06 関係詞
1 関係代名詞 2 関係副詞
3 関係代名詞の what と that の違い
07 前置詞・接続詞
1 前置詞 on の用法
2 till[until] と by の違い
3 時を表すいろいろな前置詞
4 命令文, and[or] S V
08 時制・仮定法
1 副詞節の中の時制
2 現在完了形 3 仮定法
09 名詞・代名詞
1 another の用法 2 other の用法
3 不可算名詞 4 不定代名詞
10 その他
1 付加疑問文 2 感嘆文
3 注意すべき副詞
③ 標準編
01 動詞・時制
1 自動詞と間違えやすい他動詞
2 まぎらわしい自動詞と他動詞
3 時・条件の副詞節
02 受動態
1 受動態の基本形 2 群他動詞の受動態
3 受動態の進行形
4 感情を表す受動態
5 by 以外の前置詞が使われる受動態
6 受動態を使った書き換え
03 不定詞
1 不定詞の基本用法 2 形式主語
3 形式目的語 4 動詞＋O＋to V
04 動名詞
1 to Ving の熟語
2 動名詞のみを目的語にとる動詞
3 目的語が不定詞か動名詞かで意味の変わる動詞
4 受動態の動名詞・完了形の動名詞
05 分詞
1「させる」という意味を持つ動詞
2 付帯状況の with
3 have ～ Vpp 4 get ～ Vpp
5 補語としての分詞
06 分詞構文
1 分詞構文の基本形
2 受動分詞構文 3 独立分詞構文
07 関係詞
1 関係代名詞の目的格
2 関係代名詞の what 3 関係副詞
08 比較
1 比較の強調
2 比較を使った最上級 3 倍数表現
4 that of ～ / those of ～
09 仮定法
1 仮定法過去 2 仮定法過去完了
3 未来のことに対する仮定法
4 仮定法の基本形 5 I wish .....
10 その他
1 another の用法
2 so＋be 動詞 [助動詞]＋S
3 疑問詞の how と what の違い
4 混同しやすい名詞
5 まぎらわしい前置詞
動
時
時
仮
時
動

④ 中級編

01 時制・助動詞
1 時・条件の副詞節
2 助動詞の慣用表現
3 助動詞＋have Vpp

02 不定詞・動名詞
1 原形不定詞
2 結果の不定詞
3 動名詞を使った慣用表現

03 分詞・分詞構文
1 知覚動詞＋O＋Ving[Vpp]
2 make oneself Vpp
3 分詞構文の時制のズレ
4 能動分詞構文と受動分詞構文

04 比較
1 no more, no less のイディオム
2 much less のイディオム
3 the 比較級 ....., the 比較級 ..... の表現
4「同様に・・・・・」を表す構文

05 関係詞
1 前置詞＋関係代名詞
2 非制限用法　3 複合関係代名詞

06 仮定法
1 as if の構文
2 提案・要求・主張・命令の動詞を使った文（仮定法現在）
3「〜がないならば」の表現

07 名詞・代名詞
1 指示代名詞　2 不可算名詞
3 注意すべき不可算名詞
4 無生物主語構文

08 前置詞・接続詞
1 前置詞 in の用法
2 that の慣用表現
3 接続詞と前置詞の書き換え
4 接続詞and, or, butを使った慣用表現

09 その他
1 類似形容詞の識別
2 few と little　3 almost の用法
4 時間やお金を表す文
5 部分否定と全否定

10 動詞の語法
1 多義動詞　2 第2文型
3 動詞 O to V　4 第4文型

⑤ 上級編

01 準動詞
1 準動詞のまとめ
2 分詞構文　3 不定詞の副詞的用法
4 分詞構文の時制のズレ

02 比較
1 as ... as any 〜　2 否定＋比較級
3 none the 比較級 for 〜
4 as ... as 〜　5 同一物・人物内での比較

03 関係詞
1 関係代名詞と関係副詞
2 関係代名詞の主格＋挿入句
3 前置詞＋関係代名詞の目的格
4 関係代名詞の what

04 仮定法
1 仮定法の基本形　2 未来を表す仮定法
3 仮定法現在　4 if 節を伴わない仮定法
5 日常の丁寧表現

05 否定
1 準否定語　2 部分否定
3 否定語＋倒置　4 only ..... ＋倒置

06 形容詞・副詞
1 形容詞の限定用法と叙述用法
2 日本語と対応しない形容詞と名詞の組み合わせ
3 主語＋be 動詞＋形容詞＋to V では使えない形容詞
4 形容詞と副詞の区別

07 名詞・代名詞
1 可算名詞と不可算名詞
2 one / another / others を使った表現
3 類似名詞の識別　4 名詞の持つ意外な意味

08 前置詞・接続詞
1 to one's 感情名詞　2 前置詞＋抽象名詞
3 as long as と as far as　4 従属接続詞

09 その他
1 強調構文の疑問文　2 無生物主語構文
3 推量の助動詞 could, would
4 not A but B / not only A but also B
5 2つのものを並べる表現

10 動詞の語法
1 注意すべき第2文型の動詞
2 第5文型で用いる動詞
3 注意すべき第4文型の動詞
4 多くの語法を持つ動詞

⑥ 最上級編

01 空所補充問題
▶英文の空所にあてはまる，最も適当な語句を選ぶ問題

02 正誤問題
▶英文の中で，誤った英語表現を含む箇所を指摘する問題

03 整序問題
▶与えられた語句を並べ替えて正しい英文にする問題

04 その他
▶上記の形式以外の文法問題

※「⑥ 最上級編」は問題形式ごとにレッスンを分けています。これまでのレベルで学習した文法項目全体が出題範囲です。

→ 1つ上のレベルでつながっている文法事項
⋯→ レベルをまたいでつながっている文法事項

もくじ ⊕学習記録

＊問題を解いた後は得点と日付を記入し，付属の「読み上げ音声」を聴いたり，「リスニング動画」を視聴したりして繰り返し復習しましょう。

本書で使用する記号

S＝主語　**V**＝動詞（原形）　**O**＝目的語　**C**＝補語　**S V**＝文·節（主語＋動詞）
V_p＝過去形　V_{pp}＝過去分詞　**Ving**＝現在分詞（or 動名詞）　**to V**＝不定詞
～＝名詞　... / … ＝形容詞 or 副詞　..... / …… ＝その他の要素（文や節など）
［　］＝言い換え可能　（　）＝省略可能　※英文中の（）の場合
A / B ＝対になる要素（品詞は関係なし）

LV6

Lesson 01

空所補充問題

Lesson 01

空所補充問題

LV6 Lesson01

空所補充問題といってもさまざまな形式があり，空所にあてはまる語句を選択肢の中から選ぶ問題，日本語訳に対応するように英文中の空所を埋める，もしくは元の文に対応するようにパラフレーズ（英英の言い換え）して空所を埋める記述式の問題などがある。ここでは，異なる形式の問題を解きながら，どのように勉強していけばいいのかを考えてみよう。

1 空所にあてはまる語句を選ぶ問題

問 She [ ] the medal three times in a row at the Olympics if she wins next time. It is too bad that she will retire after those Games.

① will have won ② will win

③ wins ④ would have won

〔慶應大（商）〕

この例題は，２つの文法事項を複合的に考えなければ解けないようになっている。まず，if she wins next time（次回勝つならば）から，１文目は未来のことについて述べた文だとわかる。よって過去のことに反する仮定である仮定法過去完了の④ would have won（勝ち取っていただろう）は消去することができる。さらに残りの選択肢から正解に絞るために，three times in a row at the Olympics（３回連続オリンピックで）に注目する。一度に「３回連続オリンピックで」メダルを勝ち取ることはできないので，通算して「３回連続オリンピックでメダルを勝ち取ったことになる」という**完了**の意味が必要になる。よって未来完了形の① will have wonが正解。

答⇒①（訳：もし次回勝てば，彼女は３回連続オリンピックでメダルを勝ち取ったことになる。その後に彼女が引退する予定なのが非常に残念だ。）

このように，４択の空所補充問題では，ただ単に１つの文法事項を試すのではなく，２つの文法事項が同時に試されることがある。このような場合，１つの視点ではなく，２つの視点で絞り込まなければならないことに注意しよう。

さて，次の問題を見てみよう。空所補充問題では動詞の語法が試されることが非常に多い。動詞を覚えるときには，単純に５つの文型に分類して覚えたり意味だけを覚えたりするのではなく，どのような形が後ろに続くのかにも気をつけて勉強するようにしてほしい。動詞の後にどのような前置詞が続くのか，目的語には動名詞が続くのか不定詞が続くのか，などを意識しながら例文を暗唱するとよいだろう。

１つの動詞を多くの文型で使うこともある。動詞の意味が変われば違う文型で使うということもよくあるので，その点にも気をつけたい。例えばleaveという動詞は，**第１文型**で自動詞として使う場合にはleave for 〜 の形でforという前置詞を伴い「〜へ向かって出発する」という意味になるが，**第５文型**leave **O C**の形で使う場合には，「**O**を**C**のままにしておく」という意味になる。このように**意味と形を結び付けて覚える**ことが大切だ。

問　It rains every day and is so cold here. I [　　] like living in Okinawa or Hawaii for the rest of my life.

① feel　② imagine　③ make　④ wish

〔明治大（国際日本）〕

この問題では動詞の語法が試されている。feel like Ving（**V**したい気分である）を知っていれば，すぐに正解を選ぶことができるが，feel（〜を感じる）のように意味だけ覚えていては，このような問題に対応することができない。

答⇒①（訳：ここでは毎日雨が降り，とても寒い。残りの人生は，沖縄かハワイに住みたい気分だ。）

2 日本語文や英文を元に空所を補充する問題

次に，難関大学でよく見かける，英文と日本語文や２つの英文を対照して空所を埋める問題を見ていこう。こういった問題を解くためには，一言で言うと**英作文の力**が重要になってくる。さらに，日本語を英語に直し，日本語に対照する英文を暗唱して，日本語を見たらその英文を言えるようにするといった訓練も効果的だろう。例えばこれらの問題を見てみよう。

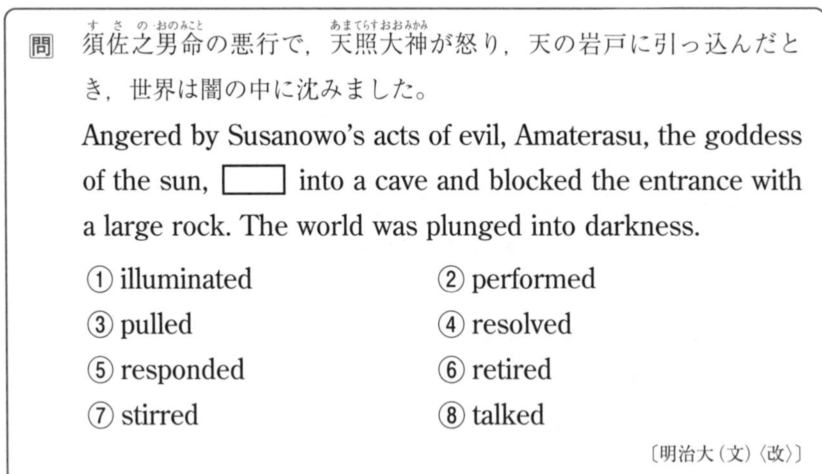

問　須佐之男命（すさのおのみこと）の悪行で，天照大神（あまてらすおおみかみ）が怒り，天の岩戸に引っ込んだとき，世界は闇の中に沈みました。

Angered by Susanowo's acts of evil, Amaterasu, the goddess of the sun, [　　] into a cave and blocked the entrance with a large rock. The world was plunged into darkness.

① illuminated　　② performed
③ pulled　　④ resolved
⑤ responded　　⑥ retired
⑦ stirred　　⑧ talked

〔明治大（文）〈改〉〕

日本語訳文を参照して，空所を埋める問題だ。retire into 〜で「〜に引き下がる，引っ込む」となるので⑥が正解。日本語を英語に訳す能力が試されているのはもちろんだが，ここでも個々の動詞の語法が問われているのがわかるだろう。

答⇒⑥

問 上下の文が同様の意味になるように，空所に入る３～５語の英語表現を書きなさい。ただし，太字で書かれた単語をそのままで含めること。

Sam and I are very good friends.

along

Sam and I ______________ each other very well.

〔千葉大〕

２つの英文が同じ意味になるように空所を埋める問題だ。文同士を見比べると，主語は一致しており，are very good friendsの部分を言い換えればよいとわかる。get along with ～（～と仲良くする）という表現を知っていれば，すぐに解けてしまう問題だ。必ず使うようにと与えられているalongがヒントになるだろう。英英辞典でget along with sb（sbはsomebodyの意で人が入ることを表す）を引くと，to have a friendly relationship with sb（誰かと友好的な関係性を持つこと）のように書かれている。

このような問題では，英語を英語で言い換えるパラフレーズの力が重要である。英英辞典を引くことになじみ，日頃から**英語を英語で理解する**訓練をしておくとよい（→p.133 *Lesson* 04 **2** **パラフレーズ問題**）。

答⇒Sam and I get along with each other very well.

（訳：〈１文目〉サムと私はとても良い友人だ。

〈２文目〉サムと私はお互いにとても仲が良い。）

Date：　月　日

1 明治大(政経)

難易度	★★★	目標得点	4／4点
制限時間	3分	得点	／4点

問：次の 1 ～ 4 の空所を補うのに最も適当な語(句)を，それぞれ①～④から選べ。

□1　Much [1] about American values.

① has written　② has been written
③ is being wrote　④ has been wrote

□2　[2] heavy use of chemicals may actually make a lawn more vulnerable to pests.

① It is saying that　② It has been saying that
③ It said that　④ According to many experts

□3　When you visit areas with landmines, you will need to [3] a plastic face shield for protection.

① wear　② put
③ take on　④ be put on

□4　"[4]! There's a car coming," the mother shouted to her young daughter.

① Danger　② Watch out
③ Caution　④ Attention

答1 アメリカ人の価値観について多くのことが書かれている。 ☞受動態

[1] ⇒② has been written

▶ muchは「多くのこと」という意味の代名詞で単数扱い。ここでは主語になっている。文意から，多くの物事は「書かれる」方だと判断できるので，受動態の②を正解とすればよい。完了形の受動態はhave[has] been $\mathbf{V}_{pp}$となる。

答2 多くの専門家によると，化学薬品を多量に使用することによって，芝生は害虫の被害を受けやすくなるかもしれない。 ☞受動態・句前置詞

[2] ⇒④ According to many experts

▶①〜③のように，形式主語を使う構文を使用するなら，主語のitはthat以下の内容を指す。that以下の内容は「言われる」方であるが，受動態の選択肢はないので①〜③は除外。according to 〜 は「〜によれば」の意味で文頭に副詞句を作る。

答3 地雷のある地域を訪れるときには，身体保護のためにプラスチック製の防御マスクを身に付けておく必要があるだろう。 ☞動詞

[3] ⇒① wear

▶衣服などを身に付けるときに使用する表現にはwearとput onがある。wearは「身に付けている」という状態を表し，put onは「身に付ける」という動作を表す。youという人間が主語になっているので④のような受動態は不可。

答4 「気をつけて。車が来るわよ」と母親が幼い娘に向かって叫んだ。 ☞熟語

[4] ⇒② Watch out

▶「気をつけろ」という会話表現は，Watch out! もしくはLook out! を使う。目的語を続ける際には，watch out for 〜，look out for 〜 のように前置詞forを使えばよい。

Date：　月　日

2 立教大(文)

難易度	★★★	目標得点	4／5点
制限時間	3分	得点	／5点

問：次の 1 ～ 5 それぞれの空所を補うのに最も適当な語を，それぞれ①～⑤から選べ。

□1 Despite ample evidence against him he was [1] to admit that his report had not been true.

① delighted ② happy ③ incapable
④ possible ⑤ reluctant

□2 A good deal of my time was spent in [2] him to make more effort.

① considering ② dissuading ③ persuading
④ preventing ⑤ stopping

□3 There was a call for volunteers to [3] find homes for the newcomers to the town.

① assist ② continue ③ help
④ let ⑤ make

□4 He never [4] his personal problems to affect his performance.

① achieves ② allows ③ gives
④ lets ⑤ makes

□5 Don't be afraid of [5] for help when it is needed.

① asking ② demanding ③ getting
④ giving ⑤ requesting

答1 彼にとって不利になる十分な証拠があるにもかかわらず，彼は自分の報告が本当ではなかったことを認めようとしなかった。 ☞形容詞

1 ⇒⑤ reluctant

▶ despite ～ はin spite of ～ とも書き換えられる，「～にもかかわらず」という意味の逆接の意味を持つ前置詞。「証拠があるにもかかわらず」「認めた」のだと，逆接が成り立たないので，① ②は不可。④ possibleは，意味的にもおかしい上，後ろに不定詞が続く形では人間を主語に取れないので不可。さらに，③ incapableは後ろに不定詞ではなく，of Vingを取る。be reluctant to **V**は「**V**するのに気が進まない」という意味の重要表現。

答2 私の時間のかなり多くが，彼がもっと努力するよう説得することに費やされた。 ☞動詞

2 ⇒③ persuading

▶直後に目的語＋不定詞を取る動詞に絞り込んでいけばよい。選択肢の中で，この形を取る動詞は③ persuadeだけで，persuade ～ to **V**で「～が**V**するよう説得する」の意味になる。① considerや⑤ stopは直後に動名詞を取り，② dissuade（思いとどまらせる）や④ preventは直後に目的語＋from＋動名詞を取る。

答3 その町に来たての人々が家を探すのを手伝うボランティアが招集された。 ☞動詞

3 ⇒③ help

▶まず，直後に原形不定詞を取る動詞に絞り込まなければならない。①～⑤の動詞の中でそのような形を取るのはhelpのみ。help **V**で「**V**するのを手伝う，**V**するのに役立つ」という意味になり，help to **V**でも使える。また，help ～ **V**，help ～ to **V**（～が**V**するのを手伝う）のように，help＋目的語＋原形不定詞でも使うことができる。

答4 彼は，決して自分の個人的な問題によって演技が影響されることはない。 ☞動詞

4 ⇒② allows

▶目的語＋不定詞を直後に取る動詞に絞り込む。④ ⑤に関しては，直後に目的語＋原形不定詞を取るので不可。また① achieveは主に第３文型，③ giveは主に第３，４文型で使う動詞なので不可。② allowは，allow ～ to **V**で「～が**V**するのを許す」の意味になる。

答5 必要なときは助けを求めるのを恐れてはいけません。 ☞動詞

5 ⇒① asking

▶目標を表し，「～を求めて」の意味を持つ前置詞forと結び付く動詞を選ぶ。② demand（要求する）や⑤ request（要求する）はいずれも他動詞で，直後に前置詞を取らない。③ getや④ giveはforとは結び付かない。ask for ～ は「～を求める」という意味の重要表現。

Date： 月 日

3 早稲田大（法）〈改〉

難易度	★★☆	目標得点	4／5点
制限時間	3分	得点	／5点

問：次の英文 1 ～ 5 の空所に入れる語（句）として，それぞれ①～⑤のうち不適当なものを選べ。

☐ 1 I asked him to tell me [1] he was taking it.

① when ② where ③ whether
④ who ⑤ why

☐ 2 [2] meet next Friday?

① Could we ② Is it OK if we ③ Shall we
④ What about ⑤ Why don't we

☐ 3 Anne always does things [3] .

① as fast as she can ② in a hurry ③ speedily
④ too quickly ⑤ with rushing

☐ 4 After he'd rested for a [4] , he set off again.

① few minutes ② few times ③ long time
④ moment ⑤ while

☐ 5 It's quicker to go [5] .

① by walking ② in the car ③ late at night
④ on foot ⑤ on the bus

答1 私は彼に（① いつ ② どこで ⑤ なぜ）それを取っているのか（③ どうか）教えてくれと頼んだ。 ☞疑問詞

1 ⇒④ who

▶一口に「疑問詞」といってもさまざまな種類がある。① when ② where ⑤ why はいずれも疑問副詞といって，直後に続く文の中の副詞（句）が変化したものだと考える。副詞（句）がなくても文は成立するので，直後には完全な文が続く。一方，④ who は疑問代名詞といって，もともと後ろに続く文の中で代名詞の働きをしていたもの。代名詞は主語や目的語の働きをするので，who の後ろには，主語や目的語の欠落した文が続く。③ whether は接続詞で直後には完全な文が続く。

答2 来週の金曜日に（① ② 会えますか ③ 会いましょう ⑤ 会いませんか）。 ☞熟語

2 ⇒④ What about

▶① ③ ⑤はいずれも原形動詞が続く表現。②は if 節が条件を表し，動詞は現在形でよい。④ What about の直後には動名詞が続く。前置詞の直後には通例不定詞の名詞的用法ではなく，動名詞が置かれることに注意したい。

答3 アンはいつも物事を（① できるだけ早く ② 急いで ③ 素早く ④ 過度に速く）行う。

3 ⇒⑤ with rushing ☞副詞

▶① as ... as 〜 can は「できるだけ…」という慣用表現。③ speedily ④ too quickly はともに副詞（句）なので適切。⑤は，with a rush「一気に」なら正しいが，with rushing とはいわない。

答4 彼は（① 数分 ③ 長い間 ④ ちょっと ⑤ しばらく）休んだ後で，再び出発した。

4 ⇒② few times ☞前置詞

▶① ③ ④ ⑤はすべて名詞（句）として使われて，一定の期間を表し，期間を表す前置詞 for と結び付く。② 〜 times は「〜回，〜倍」の意味なので，for とは結び付かない。

答5 （② その車で ③ 夜遅くに ④ 徒歩で ⑤ バスに乗って）行った方が速い。 ☞前置詞

5 ⇒① by walking

▶②〜⑤はすべて正しい英語表現。一方，by が交通・通信の手段を表す場合は，通例，by car のように直後には無冠詞の名詞が置かれ，動名詞を置くことはない。直後の名詞が冠詞などを伴い具体化されると，② in the car，⑤ on the bus のように場所を表す前置詞が使われる。

Date：　月　日

4 中央大（経済）

難易度	★★★	目標得点	4／5点
制限時間	3分	得点	／5点

問：各組の２つの空所には同じ語が入る。最も適当なものを①〜⑤から１つ選べ。

□1 A. He lives [1] a stone's throw of my house.

B. We should live [1] our means.

① in　② by　③ on

④ within　⑤ with

□2 A. The plan is only worthy [2] our contempt.

B. Please inform us [2] any change of address as soon as possible.

① in　② with　③ of

④ to　⑤ on

□3 A. The police have made public a detailed [3] of the missing woman.

B. The incredible view from the summit was beyond [3] .

① prescription　② outline　③ picture

④ announcement　⑤ description

□4 A. He was sentenced to [4] imprisonment for the murder.

B. A distinguished scholar was sitting as large as [4] in a rocking chair.

① life　② permanent　③ long

④ value　⑤ precious

□5 A. We decided to [5] off early in the morning to avoid traffic.

B. The President [5] forth his ideas on new policies in his speech.

① put　② set　③ make

④ take　⑤ give

答1 A. 彼は，私の家のすぐ近くに住んでいる。
B. 私たちは，収入内で暮らすべきである。 ☞前置詞

[1] ⇒④ within

▶前置詞withinは，範囲内であることを表す。within a stone's throw of ～（～のすぐ近くに）は「石を投げて届く範囲内に」という意味から来た熟語。within one's means（収入内で）の反対の意味の熟語は，beyond one's meansで，前置詞beyondは範囲を超えていることを表す。ここでのmeansは「収入，資力」の意味。

答2 A. その計画は，単に私たちの軽蔑に値するだけだ。
B. 住所が変わったら，できるだけ早く知らせてください。 ☞前置詞

[2] ⇒③ of

▶be worthy of ～ は「～の価値がある」という意味。inform A of B（AにBを知らせる）という表現でのofは関連を表し，「～について」という意味で使われている。

答3 A. 警察は，行方不明の女性の詳しい外見的特徴を公開した。
B. 頂上からのすばらしい眺めは表現できないほどだった。 ☞名詞

[3] ⇒⑤ description

▶describe（描写する）の名詞形，description（描写）を空所に補充すればよい。A.でのdescriptionは，人間などの「人相書き」という意味で使われている。また，B.で使われているbeyond description（言葉では表現できない（ほど））は頻出の重要表現。beyondは「～を超えて」という意味で，超越・範囲外を表す。

答4 A. 彼は殺人罪で，終身刑が言いわたされた。
B. 名高い学者，まぎれもない本人が揺り椅子に座っていた。 ☞名詞

[4] ⇒① life

▶lifeは「生命」「人生」「生活」という意味を中心に，「伝記」「実物」「活気」などの意味を持つ重要多義語。上の文では，「生涯，一生」の意味で使われており，be sentenced to life imprisonmentで「終身刑の宣告を受ける」の意味になる。また，下の文では「実物」の意味で使われており，as large as lifeで「まぎれもない本物が」「実際に」という意味になる。

答5 A. 私たちは渋滞を避けるために，朝早く出発することに決めた。
B. 大統領が演説の中で，新しい政策についての自分の考えを明らかにした。 ☞動詞

[5] ⇒② set

▶set offは「出発する」という意味の重要表現。ここで使われている副詞offは「分離」「(ある場所から) 離れて」を表す。また，set forthは「発表する」という意味で，forthは「外へ，前方へ」の意味の副詞。基本動詞＋副詞［前置詞］の熟語は副詞［前置詞］の原義から意味を推測するとよい。

Date： 月 日

5 慶應義塾大(商)

難易度	★★★	目標得点	4／5点
制限時間	5分	得点	／5点

問：次の英文１～５の空所に入れる最も適当な動詞を下記の語群から選び，必要に応じて語形を変えて答えよ。ただし同じ語を２回以上使ってはいけない。

[accept attend exchange frighten leave meet occur visit warn wish]

□ 1 He didn't offer to [1] seats with me. If he had, I would have [2] .

□ 2 Mary didn't [3] me you were coming, Andy. I'd have had someone [4] you at the airport.

□ 3 I would have [5] word for them to put you through, but it never [6] to me that you would telephone.

□ 4 She had been given skates, and she [7] she hadn't been, because she couldn't skate. It wasn't that she didn't want to, but she was [8] .

□ 5 There was a cocktail party to [9] at the French embassy that evening in honor of a [10] French concert pianist. Mary was tired and nervous and would have given anything to have gotten out of it, but she knew she had to go.

答1 彼は私と席を交換しようとは申し出なかった。もし彼がそうしていたら，私は承諾していただろう。 ☞不定詞・仮定法

1 ⇒ exchange 2 ⇒ accepted

▶offer to **V**は「**V**しようかと申し出る」の意味。文脈から，exchange（交換する）を選び，不定詞を作るtoの後ろなので原形で補充する。後半は仮定法過去完了なのでaccept（受諾する）を帰結節のwould have $\mathbf{V_{pp}}$に合わせて過去分詞にすればよい。

答2 メアリーはあなたが来ることを私に知らせてくれなかったよ，アンディ。わかっていたら，誰かに空港まで迎えに行かせたのに。 ☞動詞・不定詞

3 ⇒ warn 4 ⇒ meet

▶warn ～ (that) **S V**は「～に**S**が**V**すると警告する［知らせる］」の意味。ここでは，thatが省略された形で使われている。「(人を) 迎える」という意味の他動詞meetを，have ～ **V**（～に**V**させる，～に**V**してもらう）の形に合わせて，原形不定詞（原形動詞）で補充する。

答3 あなたの電話を通すように伝言しておくこともできたのですが，あなたの方から電話をくれるとは思わなかったのです。 ☞仮定法

5 ⇒ left 6 ⇒ occurred

▶ここでのwordは「指示，伝言」の意味で使われているので，動詞は「(伝言などを) 残す」という意味のleaveを選択する。過去において実現しなかった架空の物事に言及している。条件節が省略された形で，仮定法のwould have $\mathbf{V_{pp}}$が使われていると考えて，過去分詞leftを補充する。後半では，「心に浮かぶ」という意味のoccurの過去形を使えばよいが，過去形にする際にrという文字を重ねることを忘れないように。

答4 彼女はスケート靴をもらったが，スケートができないのでくれなければ良かったのにと思った。スケートをしたくないのではなく怖かったのだ。 ☞不定詞・受動態

7 ⇒ wished 8 ⇒ frightened

▶前半では，空所の後に過去完了が置かれていることに注意したい。また文脈から，スケートができない彼女が実際にもらったスケート靴を，もらいたくなかったと「願望」したことを捉える。wish **S** had $\mathbf{V_{pp}}$はかなわない願望を表し，「(それ以前，前に) **S**が**V**していれば良かったと思う」という意味。frightenは「おびえさせる」という意味の他動詞。「彼女がおびえている」という意味にするためには，受動の意味を持つ過去分詞を使い，be frightened（おびえさせられている→おびえている）とすればよい。

答5 その晩，フランス大使館で訪問中のフランス人のピアニストのために開かれるカクテルパーティーに参列しなくてはならなかった。メアリーは疲れていてイライラしていたので，行かなくていいのならどんなものでも諦めるといった気分だったが，しかし彼女は行かなくてはならないことがわかっていた。 ☞不定詞・分詞

9 ⇒ attend 10 ⇒ visiting

▶最初の空所は，「参加すべきパーティー」という文脈を捉えて，形容詞的用法の不定詞の部分に原形のattend（参列する，出席する）を補充すればよい。２番目の空所には，visit（訪問する）を現在分詞に変え，visiting（訪問中の）とすればよい。in honor of ～ は「～のために」。

6 早稲田大(法)

難易度	★☆☆	目標得点	4／5点
制限時間	3分	得点	／5点

問：次の英文１～５の空所に入れる語として，適当なものを下のA～Eから選べ。ただし同じものを２回以上使ってはならない。

□1 I'm [1] the blame for what happened.

□2 I seem to be [2] a bad day.

□3 I wasn't [3] anything wrong.

□4 The situation isn't [4] any better.

□5 Things are [5] for the better.

[A. becoming　B. changing　C. doing　D. having　E. taking]

答1 私は起きたことに責任を取るつもりだ。 ☞動詞

[1] ⇒ E. taking

▶take the blameは「責任を取る」という意味の表現。基本動詞のtakeはもともと「つかむ，取る」の意味があることから推測する。

答2 悪い1日になりそうだ。 ☞動詞

[2] ⇒ D. having

▶人間を主語にして，have a nice dayと言えば「楽しい日を過ごす」，have a bad dayは「嫌な日を過ごす」という意味。haveは「～を経験する」の意味で使われている。

答3 私は悪いことは何もしていなかった。 ☞動詞

[3] ⇒ C. doing

▶doにはさまざまな働きがあるが，ここでは最も一般的な「～をする」という意味の他動詞として使われている。doは自動詞として使われた場合には「役立つ，間に合う」という意味になり，Anything will do（何でもいいですよ）という文例は特に頻出。

答4 状況は少しもよくなっていない。 ☞動詞

[4] ⇒ A. becoming

▶空所の後に補語と思われる形容詞があることから，第2文型の動詞に絞り，A. を選ぶ。

答5 事態は好転している。 ☞動詞

[5] ⇒ B. changing

▶change for the betterは「好転する」という意味の重要表現。ここでのforは方向・目的地を表して，「～に向かって」という意味で使われている。

Date： 月 日

7 立命館大(法)

難易度	★★★	目標得点	4／6点
制限時間	4分	得点	／6点

問：次の 1 ～ 6 の文を完成させるのに，空所に入れる語（句）として最も適当なものをそれぞれ①～④から 1 つ選べ。

□ 1 Is it true [1] he said a few days ago?

① what　② whether
③ that　④ how

□ 2 Shall I have him [2] you back later?

① be calling　② call
③ calling　④ to call

□ 3 You must be careful [3] a cold as it is very chilly today.

① do not catch　② will not catch
③ not to catch　④ you not catch

□ 4 You can watch TV when you [4] your homework.

① will be finished　② did finish
③ finished　④ have finished

□ 5 The little girl was not [5] by car.

① used to travel　② used to traveling
③ used traveling　④ used to the travel

□ 6 The captain says we are safe, but what if the worst [6] ?

① happen　② is to happen
③ should happen　④ will happen

答1 数日前に彼が言ったことは本当ですか。 ☞関係詞

[1]⇒① what

▶関係代名詞whatは主格や目的格として使われ，直後には主語や目的語の欠落した不完全な文が続く。the thing(s) which ..... とも書き換えられ，what節は名詞節を形成し，主語や目的語や補語の位置に置かれる。この文では，空所の直後に他動詞saidの目的語が抜けた不完全な文が続き，what節は形式主語itに対する真主語の働きをしている。接続詞の② ③，関係副詞の④の後ろには完全な文が続かなければならないので不可。

答2 彼には，後であなたに電話をかけさせましょうか。 ☞不定詞

[2]⇒② call

▶have ～ **V**は「～に**V**させる，～に**V**してもらう」の意味で使う使役表現。原形不定詞を取ることに注意。have ～ **V**ing という形もあるが，こちらは「～に**V**させておく」と訳し，継続的に目的語を**V**する状態にしておく場合に使われる。

答3 今日はとても寒いので，風邪をひかないように気をつけよう。 ☞不定詞

[3]⇒③ not to catch

▶不定詞の否定形は，notやneverなどの否定語を直前に置いて表す。不定詞や動名詞の主語は原則として文の主語と一致するので，④のようにyouという意味上の主語を加える必要はない。be careful not to **V**（**V**しないように気をつける）という熟語として覚えておけばよい。

答4 宿題が終わったら，テレビが見られますよ。 ☞時制

[4]⇒④ have finished

▶時や条件を表す副詞節中では，未来のことでも現在形や現在完了で書かなければならない。①は未来形なので不可。② ③は主節が現在形なのに過去形なので不可。正解の④が現在形ではなく現在完了になっているのは，「終えてしまう」という完了の意味を表すためであり，ここでは未来完了形（will have finished）の代わりに使われている。

答5 その幼い少女は車で旅行することに慣れていなかった。 ☞動名詞・助動詞

[5]⇒② used to traveling

▶be used to **V**ing は「**V**することに慣れている」という意味の重要表現で，前置詞toの目的語として動名詞を取るが，不定詞と間違いやすいので注意。used to **V**は「かつては**V**したものだった」という意味の慣用表現で，used toは助動詞の働きをし，直後には原形動詞を置く。

答6 機長は安全だと言っているが，もし最悪の事態が生じたらどうするのだろう。 ☞仮定法

[6]⇒③ should happen

▶最悪の事態が生じることは「仮定」の内容と解釈し，未来のことに対する仮定を表すif **S** should **V**（万が一**S**が**V**するならば）を使えばよい。同じように，未来のことを仮定する表現にはif **S** were to **V**もある。①には３単現のsが必要。②のbe to **V**構文は，if節で使用される場合は主に意志を表すので，ここでは不可。④は条件を表す副詞節では未来形は使用しないので不可。

Date： 月 日

8 関西学院大(経済)

難易度	★★☆	目標得点	6／8点
制限時間	5分	得点	／8点

問：次の各文の空所を埋めるのに最も適当なものを①～⑤から１つ選べ。なおφは何も挿入しない場合を意味する。

□1 The house [1] he was looking for was on the main street.

① where ② what ③ which
④ in which ⑤ in that

□2 This is no time to worry about [2] other people think.

① whose ② who ③ that
④ which ⑤ what

□3 The boy [3] bicycle was stolen reported its loss to the police.

① who ② that ③ when
④ from which ⑤ whose

□4 He was wearing dark glasses, [4] made it hard to tell what his expression was.

① of which ② where ③ which
④ that ⑤ what

□5 He found a tall tree [5] beautiful birds were nesting.

① that ② ϕ ③ which
④ where ⑤ whatever

答1 彼が探していた家は，大通りにあった。 ☞関係詞

[1]⇒③ which

▶文の主語で先行詞となっているthe houseを修飾している節は，前置詞forの目的語が欠落した不完全な文。このような不完全な文を直後に取るのは関係代名詞の目的格なので，③ whichを選べばよい。① where ④ in whichは直後に完全な文が続く。また，関係代名詞② whatには先行詞は必要ない。⑤ in that ..... は「･････するという点で」という意味の接続詞で，直後に完全な文を置く。ここでは意味的にも文法的にも合わない。

答2 他人が思っていることをくよくよ考えている時間はない。 ☞関係詞

[2]⇒⑤ what

▶名詞節を作る接続詞thatと関係代名詞whatの違いに注意。接続詞thatの直後には完全な文が続き，「**S**が**V**するという事実→**S**が**V**するということ」という意味を持つ。関係代名詞whatは，直後に主語や目的語が欠落した不完全な文が続き，「(**S**が) **V**する物・事」という意味になる。ここでは，他動詞thinkの目的語が欠落した不完全な文が直後に続いている。また，空所の前には先行詞にあたるものがないので，① ② ④は不可。

答3 自転車を盗まれた少年は，損害を警察に報告した。 ☞関係詞

[3]⇒⑤ whose

▶空所の直後には，先行詞の所有物にあたるbicycleが置かれていることに注意。このように，先行詞に付帯するものを説明しつつ，先行詞を修飾する場合にはwhoseが使われる。whose＋所有物の部分は，主格としても目的格としても機能するので，直後には主語，もしくは目的語のない不完全な文が続く。

答4 彼はサングラスをかけていたので，表情を見分けることが難しかった。 ☞関係詞

[4]⇒③ which

▶カンマ＋whichは非制限用法で，直前の節の一部または全体を先行詞とし，説明することができる。空所の直後に動詞が続いているので，① of which ② whereは不可。④ thatは非制限用法では使用することができないので不可。⑤ whatを補充しても，what以下の名詞節が前の文と意味がつながらないので不可。

答5 彼は，美しい鳥が巣を作っている高い木を見つけた。 ☞関係詞

[5]⇒④ where

▶空所の直後には自動詞のnestで終わる完全な文が置かれている。このように，完全な文が直後に続く際には関係副詞を使う。関係代名詞の目的格の③ whichや① thatを使用する場合は，直後に目的語が欠落した不完全な文が続かなければならない。⑤ whateverは先行詞を含む名詞節を作るが，これを補充しても前の文との意味がつながらないので不可。

☐ **6** She had a natural way of bringing up [6] subjects people wanted to talk about.

① whatever ② when ③ whenever
④ whose ⑤ who

☐ **7** Those [7] used to come over to the house gradually began to keep their distance.

① which ② who ③ what
④ ϕ ⑤ where

☐ **8** There was something about the man [8] reminded me of someone I had met before.

① that ② what ③ whose
④ whom ⑤ ϕ

答6 彼女は自然に，人々が話したがりそうなどんな話題でも出すことができた。 ☞関係詞

[6] ⇒① whatever

▶ whateverは複合関係代名詞として，先行詞を含み，直後の文の主語や目的語として機能する働きがある。それに加えて，複合関係形容詞として，直後に名詞を伴って使われることがある。その場合，whatever ～ **V**またはwhatever ～ **S V** ϕ で，「(**S**が) **V**するどんな～でも」という意味になる。

答7 その家によく来ていた人たちは，徐々に距離をおくようになった。 ☞関係詞

[7] ⇒② who

▶ those who **V**は，主格の関係代名詞whoを使った慣用表現。代名詞のthoseは，しばしば「人々」という意味で使用される。

答8 その男の何かが，以前に会った誰かを思い出させた。 ☞関係詞

[8] ⇒① that

▶ 先行詞のsomethingと空所の間に，somethingの修飾部分となる前置詞句 (about the man) が置かれている。この部分を消すとわかりやすい。先行詞が物で，直後に動詞が続くので，主格の関係代名詞のwhichかthatが答えになると想定できる。該当するのは① thatのみ。

9 慶應義塾大(経済)

難易度	★★★	目標得点	8／10点
制限時間	6分	得点	／10点

問：Complete each sentence by choosing the most appropriate words.

□1　We rarely [1] progress.

① go to the trouble of asking what meaning is
② have difficulty deciding what to mean
③ stop thinking what meaning we have of
④ stop to ask what we mean by

□2　My father used to smoke during meals. I couldn't [2] .

① allow his bad habit
② allow his that bad habit
③ put up with that bad habit of him
④ stand that bad habit of his

□3　The bad harvest [3] rice prices.

① followed from being the long rain increased
② following the long rain arose
③ resulted from the long rain increased
④ resulting from the long rain raised

□4　Asked about the new car's outstanding features, the car dealer first mentioned [4] of fuel.

① about its economic use　　② about its economical use
③ its economic use　　④ its economical use

□5　[5] her opinion about the movie star?

① How do you think　　② How do you think about
③ What do you think of　　④ What do you think

答1 私たちは，進歩とは何を意味するのかと改めて考えることはめったにない。

1 ⇒④ stop to ask what we mean by ☞動詞・不定詞

▶ stop Vingは「Vするのをやめる」という意味。一方，stop to Vは「止まって［落ち着いて］Vする」の意味。meanという動詞は，前置詞byと共に使うことができ，what we mean by ～ で「～の意味」という表現になる。

答2 父は食事の間に喫煙する習慣があった。私は父のその悪癖に耐えられなかった。☞代名詞

2 ⇒④ stand that bad habit of his

▶所有格＋名詞を，thatやthisなどを使ってさらに限定したい場合は，that[this]＋名詞＋of＋所有代名詞を使う。この形に合うのは④のみ。①では前出のタバコを吸う習慣に限定されず，父の持つ悪癖全体を表すことになるので不可。

答3 長雨の結果生じた不作のため，米の価格が上昇した。 ☞動詞・分詞

3 ⇒④ resulting from the long rain raised

▶ resulting ～ rainという部分が，分詞となって主語のThe bad harvestを修飾し，述語動詞として「値段を上げる」の意味のraiseが使われている④が正解。result from ～ は「～から生じる」という意味の重要表現。①は，follow（後に続く）という他動詞の後ろに，普通は前置詞byが続くのに対してfromが使われている点で，またbeingという動名詞の主語が不明な点で不可。②で使われている動詞arise（生じる）は自動詞なので不可。result（生じる）は自動詞で，受動の意味の分詞にはできないので③も不可。

答4 その新型車の主だった特徴を尋ねられると，その自動車のディーラーははじめに燃費の経済性を述べた。 ☞動詞・形容詞

4 ⇒④ its economical use

▶他動詞mention（～に言及する）の直後には前置詞は不要。economicは「経済学の，経済の」という意味で，経済活動全般に言及する際に使われる。economicalは「経済的な，倹約の」という意味の形容詞。自動車の燃費に言及しているので，economicalを使った選択肢が正解。

答5 あなたはその映画スターについての彼女の意見をどう思いますか。 ☞疑問詞

5 ⇒③ What do you think of

▶「～についてどう思いますか。」は，What do you think of[about] ～？という表現を用いる。howは疑問副詞で，whatは疑問代名詞だが，この文ではthinkという他動詞の目的語が疑問代名詞に変わったと考える。ofは関連（～について）の意味で使われている。What do you think of[about] ～？（～をどう思いますか。）という表現として暗記しておくのが良い。

□ **6** Unlike most modernist poets, [6] on ordinary speech.

① Robert Frost wrote poems that were based
② Robert Frost's poems were based
③ the poetry written by Robert Frost based
④ the works of Robert Frost based

□ **7** [7] to become a famous singer overnight?

① According to you, how is it like
② By your thinking, how is it like
③ Do you think what it is like
④ What do you think it is like

□ **8** He [8] at this time of the year.

① accused me for going to vacation
② accused me of going on vacation
③ blamed me for going to vacation
④ blamed my going for vacation

□ **9** Thanks to your kind suggestion that [9] the library book by Friday, I avoided paying the penalty.

① I remember to return
② I will remember returning
③ I would remember returning
④ I would remember to return

□ **10** She complained about [10] in her room.

① there being few furnitures
② there being little furniture
③ there was little furniture
④ there were few furnitures

答6 ほとんどの現代主義の詩人と違って，ロバート・フロストは日常の会話に基づいた詩を書いた。 ☞受動態

6 ⇒① Robert Frost wrote poems that were based

▶「〜に基づいている」という意味を表現するには，be based on 〜 という受動態を使う。さらに文頭の副詞句の部分で，「ほとんどの現代主義の詩人と違って」というふうに，他の詩人との比較が意味されているので，比較対象を統一して，主語を「詩人」にしなければならない。この2つの条件を満たしているのは①のみ。

答7 一夜にして有名な歌手になるのは，どういうものだと思いますか。 ☞疑問詞

7 ⇒④ What do you think it is like

▶ do you thinkを使った間接疑問文では，疑問詞を先頭に出さなければならない。また，「〜はどのようなものか」という意味を表現するには，what 〜 is likeを使う。howの場合には前置詞のlikeは必要ないので① ②は不可。

答8 彼は，私が1年のこの時期に休暇を取ったことを責めた。 ☞動詞

8 ⇒② accused me of going on vacation

▶ accuseという動詞は，accuse A of B（AをBで非難する）で使われる。また，blameという動詞は，blame A for B（AをBで非難する）で使われる。「休暇を取って出かける」という意味を表現するには，go on vacationを使う。これらの条件を満たすのは②のみ。

答9 金曜日までに忘れずに図書館の本を返すようにあなたが親切に言ってくれたおかげで，罰金を払わずに済みました。 ☞不定詞・動名詞・仮定法

9 ⇒① I remember to return

▶提案・要求・主張・命令を表す文脈で用いられるthat節では，述語動詞の部分はshould **V**もしくは原形動詞を用いる。したがって，should以外の助動詞が用いられている②〜④は消去できる。remember to **V**は，未来のことに言及し，「**V**することを覚えておく」，remember **V**ingは，過去のことに言及し，「**V**したのを覚えている」という場合に使う。

答10 彼女は自分の部屋に家具がほとんどないことに不平をこぼした。 ☞前置詞・動名詞・名詞

10 ⇒② there being little furniture

▶前置詞aboutの直後には，目的語として名詞に相当するものを置く。ここでは，動名詞のbeingを使った選択肢を選ぶ。furniture（家具）は不可算名詞なのでfewを使った選択肢は不可。正解は②で，thereは動名詞の意味上の主語のように使うことができる。

Date： 月 日

10 慶應義塾大(商)

難易度	★★★	目標得点	8／10点
制限時間	6分	得点	／10点

問：次の英文 1 ～ 10 の空所を補うのに最も適当な語（句）を，①～④から選べ。

□1 The ambassador [1] to Japan this September for a special meeting of the Advisory Committee.

① will have come　② will be coming
③ will visit　④ will be gone

□2 Many of the earlier films of Japanese directors are [2] Japan.

① the good representations from
② most popular in Britain than in
③ better known outside of
④ looked highly in

□3 The major difference between the two sightseeing trips is that [3] .

① charges are more expensive　② of cost
③ the expenses are higher　④ for expenditure

□4 I want to [4] tennis club so I can improve my backhand.

① enroll　② enter
③ join a　④ belong to

□5 The students in the Music Department [5] to play at least one musical instrument.

① enjoy　② look forward
③ are devoted　④ are expected

答1 大使は諮問(しもん)委員会の特別会議のために9月に来日する予定である。 ☞時制

1 ⇒② will be coming

▶未来完了は未来までの完了・継続・経験を表し，普通by tomorrowのような，未来の時点までの完了・継続・経験を表す副詞句・節と共に用いられる。そのような語句がないので①は不可。③ visitは他動詞で，前置詞toを取ることはできないので不可。④ be goneは「死亡している，いなくなっている」という意味なので文脈に合わない。

答2 日本人監督による昔の映画作品の多くは，日本国外での方がよく知られている。 ☞比較

2 ⇒③ better known outside of

▶ representation（代表）という名詞を使う場合には，前置詞ofを取るので①は不可。また，最上級の後にthanは来ないので②は不可。さらに，look highly at 〜（〜を高く評価する）という群他動詞を受動態にしても，前置詞atを省略することはできないので④も不可。消去法で③のみが残る。be well known（よく知られている）のwellが比較級のbetterに変わったと考えればよい。

答3 その2つの観光旅行の大きな違いは，費用にある。 ☞代名詞・前置詞

3 ⇒② of cost

▶① ③ではthat節内で比較が使われているが，比較対象が何かが不明。正しくは，one is more expensive than the otherとしたい。the＋名詞の反復を避けて代名詞thatが使われることがあるが，その場合は普通，前置詞ofが使われる。forを使った④は不可。

答4 私はバックハンドがうまくなりたいので，テニスクラブに入りたい。 ☞名詞

4 ⇒③ join a

▶話し手と聞き手の間で，共通の認識が存在しない，ある不特定な具体名詞を表現する場合には，冠詞のaが名詞の前に必要。「（不特定の）どれか1つのテニスクラブに入りたい」という意味のときはaを使う。話し手も聞き手も頭の中に特定のテニスクラブを想定できる状況では，theを使う。

答5 音楽学科の生徒は，少なくとも1つの楽器が演奏できることが要求されている。 ☞動詞

5 ⇒④ are expected

▶① enjoyは目的語に動名詞を取る他動詞なので，不定詞は不可。② look forwardや③ be devoted（専念する）の後にはto＋動名詞が続くので不可。expect 〜 to **V**（〜が**V**するのを求める）の受動態be expected to **V**（**V**することを要求される）を使った④が正解。

□ **6** Please tell me [6] from your new apartment to the station.

① how far　② how far is it
③ how far it is　④ how long

□ **7** At his trial, he did not show any [7] about having committed such a terrible crime.

① disappointment　② regret
③ rejection　④ responsibility

□ **8** Technology [8] practical problems.

① is in charge of　② is interested in
③ deals with　④ care for

□ **9** People can communicate through gestures that have socially [9] meanings.

① simulated　② agreed-on
③ resembled　④ consensus

□ **10** He proposed that another meeting [10] next week.

① was held　② be held
③ will be held　④ would be held

答6 あなたの新しいアパートから駅までの距離を教えてください。 ☞疑問詞

6 ⇒③ how far it is

▶④ how longは，期間を尋ねる場合に使われる。ここでは，距離を尋ねているのでhow farを使わなければならない。また，間接疑問文中で，疑問詞の導く節を名詞節として文中に組み込む場合には，疑問詞＋主語＋動詞となるので③が正解。

答7 裁判で，彼はそのようなひどい罪を犯したことについて少しも後悔を示さなかった。 ☞名詞

7 ⇒② regret

▶名詞の意味を問う語彙の問題。① disappointmentは「落胆，失望」，② regretは「後悔」，③ rejectionは「拒絶」，④ responsibilityは「責任」という意味。ここでは，過去に犯した罪について示すものなので，文脈から②が正解だとわかる。

答8 科学技術は実用的な問題を扱う。 ☞熟語

8 ⇒③ deals with

▶熟語の意味を問う問題。① be in charge of 〜 は「〜の担当である」，② be interested in 〜 は「〜に興味がある」という意味。① ②は普通，人間が主語になるので不可。④ care for 〜 は「〜の世話をする，〜を好む」という意味。ここでは，３単現のsがないので不可。③ deal with 〜 は「〜を扱う」という意味。

答9 人々は社会的に合意された，意味を持つ身ぶりを通じて，意思を伝達することができる。

9 ⇒② agreed-on ☞形容詞

▶形容詞の意味を問う語彙問題。① simulatedは「模擬の」，② agreed-onは「合意された」，③ resembledはresemble（似ている）という動詞の過去形・過去分詞形。④ consensusは「意見の一致」という意味の名詞。前後の文脈から②が正解だとわかる。

答10 彼は，来週もう一度会議を開催することを提案した。 ☞仮定法

10 ⇒② be held

▶提案・要求・主張・命令などの意味の動詞に続くthat節中では，should **V**もしくは原形動詞を用いる。該当するのは②のみ。should be heldとしてもよい。

Date： 月 日

11 慶應義塾大(経済)

難易度 ★★★	目標得点 10／12点
制限時間 8分	得点 ／12点

問：Complete each sentence by choosing the most appropriate words.

□1 By having students write a term paper, the teacher can estimate the degree [1] .

① that the students are capable of thinking logically
② that the students are capable to think logically
③ to which the students are capable of thinking logically
④ to which the students are capable to think logically

□2 Only after a close re-examination of the material from Mars [2] .

① did the research staff at NASA discover a new life form
② the research staff at NASA did discover a new life form
③ the research staff at NASA discovered a new life form
④ was the research staff at NASA discovered a new life form

□3 As a child, Derek was exposed to an ideal environment [3] .

① in which foreign language to be learnt
② in which to learn foreign languages
③ learning foreign languages in
④ which to learn foreign languages in

□4 A group of politicians [4] , and all of them resigned.

① were charged of getting involved in a scandal
② were charged of involving in a scandal
③ were charged with getting involved in a scandal
④ were charged with involving in a scandal

答1 学生たちに学期論文を書かせることによって，先生は学生たちがどの程度論理的に考えることができるか推定することができる。 ☞形容詞・前置詞・関係詞

1 ⇒③ to which the students are capable of thinking logically

▶まず，capable という形容詞は，be capable of **Ving**（**V**することができる）という形を取ることから，② ④は除外できる。また，degree（程度）という名詞は，to ..... degree（・・・・・な程度まで）という形で使われる。The students are capable of thinking logically to the degree. という文に関係代名詞を用いると考えれば，to which を使った③が正しいとわかる。

答2 火星からの物質を綿密に再調査した後で，ようやくＮＡＳＡの研究員は，新しい生物形態を発見した。 ☞否定

2 ⇒① did the research staff at NASA discover a new life form

▶否定的な副詞（句）や only .....（・・・・・になってようやく）という副詞句を文頭に出して強調した場合，直後には倒置形（疑問文の語順）が続く。肯定文の語順の② ③は不可。一般動詞を倒置形にするのに be 動詞が使われている④も不可。

答3 子供のとき，デレックは外国語を学ぶことのできる理想的な環境に身を置いていた。

3 ⇒② in which to learn foreign languages ☞不定詞・関係詞

▶前置詞＋which＋to **V**で，前置詞＋which＋**S** can **V**の意味を表すので②を選ぶ。in which he could learn foreign languages と書き換えられる。この形は前置詞の後置，関係詞の省略などは一切できない。① ④とも前置詞＋which＋to **V**の語順ではないので不可。③では「環境」が学ぶことになり，最後の in も意味をなさない。

答4 一団の政治家が，不祥事に関与したことで告発され，全員辞職した。 ☞動詞

4 ⇒③ were charged with getting involved in a scandal

▶charge を「告発する」という意味で使う場合，その罪は with で表して，charge 〜 with 罪 という形になる。問題文はその受け身。したがって① ②は不可。involve A in 〜 で「A を〜に関係させる」という意味になり，④は involve の目的語がないので不可。get involved in 〜 で「〜に関わりあう」という意味で③が正解。

□5 Not until one gets very sick [5] health.

① does he start to appreciate

② does he start to understand

③ he starts to realize

④ he starts to thank

□6 For short stays, Canada does not require that we obtain visas to enter the country, and [6] .

① neither the U.S. does ② the U.S. does neither

③ the U.S. doesn't, either ④ the U.S. doesn't, too

□7 After seeing the movie, [7] .

① many people became interested in the book

② many people became interesting the book

③ the book became very interesting to many people

④ the book interested many people

□8 It is about time [8] .

① Makoto is getting ready for exam

② Makoto is getting ready for the exam

③ Makoto was getting ready for exam

④ Makoto was getting ready for the exam

□9 The prime minister will visit Russia next month, [9] come to an agreement.

① when he proposes that the two countries

② when he proposes that the two countries will

③ when he will propose that the two countries

④ when he will propose that the two countries will

答5　重い病気になって初めて健康のありがたみがわかる。　☞否定・動詞

[5] ⇒① does he start to appreciate

▶not until ..... など否定の語句が前にあるときは，主節は倒置文となる。③ ④は普通の語順なので不可。また，understandは「内容を理解する」，appreciateは「〜を評価する，〜のありがたみがわかる」という意味。文の内容から，ここではhealthという目的語に対してはappreciateが適切。realize（わかる，悟る）も使える。

答6　短期滞在に関して，カナダでは入国のためのビザを取得する必要はないし，アメリカもそうである。　☞否定

[6] ⇒③ the U.S. doesn't, either

▶文が長いのでとまどうかもしれないが，単純に，前の否定文に対して，「〜もそうである」という言い方。これを表現するのに，前の否定文が一般動詞の場合は，neither do 〜か 〜 do not, eitherを使う。それにあてはまるのは③だけ。doの部分は単複，時制を考慮する。前の文が助動詞を使っていれば，doの部分にその助動詞を入れる。

答7　映画を見た後，多くの人がその本に興味を持つようになった。　☞形容詞

[7] ⇒① many people became interested in the book

▶まず，前半のAfter seeing 〜 から，主節の主語がthe bookでは「本が」見たことになって文意が通じないので，③ ④が除かれる。この前半部分は前置詞＋動名詞と考えてもよいし，分詞構文に接続詞のafterを付けたと考えてもよい。後はinterestの使い方で，「〜に興味を持つ」は be interested in 〜 だから①を選ぶ。

答8　マコトはそろそろ試験の準備を始めてもいい頃だ。　☞仮定法・名詞

[8] ⇒④ Makoto was getting ready for the exam

▶「もう**S**は**V**しなければならない時間だ」を表す構文It is time **S** $\mathbf{V_p}$では，動詞の過去形を使う。これは仮定法なので① ②は排除。exam = examinationは，「試験」の意味では可算名詞なので，無冠詞では使えない。なお，文の内容からマコトが準備を始める試験は，すでに了解事項となっているので，aではなくtheを付ける。

答9　総理大臣は，来月ロシアを訪問して，両国が合意に達することを提案するでしょう。

[9] ⇒③ when he will propose that the two countries　☞関係詞・仮定法

▶whenが時を表す接続詞ならば未来形は使わないが，ここでは，文の内容から関係副詞の非制限用法と考えられるので，必要ならば未来形を使う。そこで① ②は除かれる。さらにpropose that ..... では，that以下は提案を表す節なのでshould **V**か動詞の原形を用いなければならない。したがって③が正解。

☐ **10** We [10] the baseball game, but the other team was too strong.

① had hoped Keio University to win

② had hoped that Keio University would win

③ had liked for Keio University to win

④ had liked that Keio University win

☐ **11** I believe that heroes and heroines in children's stories [11] ever after.

① always must live life happily

② always must live happily life

③ must always live happily life

④ must live always life happily

☐ **12** He is [12] vote for such a dishonest candidate in the election.

① enough intelligent not to

② intelligent enough not to

③ intelligent to not enough

④ not enough intelligent to

答10 私たちは野球の試合で慶應大学に勝ってほしかったけれど，相手チームが強すぎた。

10 ⇒② had hoped that Keio University would win ☞動詞

▶ likeには，that節やfor ～ to ..... が後に続く用法はない（would likeのときにはfor ～ to ..... が使われることがある）ので③ ④は除かれる。また，hopeには **O + to V** は続かないので①も不可で，②が正解。なお，このhad hopedのように，予定・願望を表す動詞が過去完了で使われたときは，その予定・願望が実現しなかったことを表す。

答11 子供向けの物語の中のヒーローとヒロインは，その後ずっと常に幸せに暮らさなければならないと私は信じる。 ☞副詞

11 ⇒① always must live life happily

▶ alwaysの位置は原則として助動詞の後，be動詞の後，一般動詞の前となっているが，強調される場合は助動詞の前でも構わないので，④以外は候補になる。あとはhappilyが副詞なので，happily lifeのようにlifeを修飾することはできないことを考慮すると①が正解となる。なお② ③の場合，live a happy lifeとすれば両方とも可。

答12 彼は利口なので，選挙でそのような誠意のない候補者には投票しない。 ☞副詞・不定詞

12 ⇒② intelligent enough not to

▶ enoughの位置と不定詞の否定の問題。enoughは形容詞・副詞を修飾する場合には必ず後ろに来るので正解は②とわかる。また，不定詞を否定する場合は，否定語を不定詞の前に置くのが原則だから，そこから正解を絞ることもできる。なお，enoughが名詞を修飾する場合は前からでも後ろからでもOK。

Date：　月　日

12 早稲田大(人間科)

難易度	★★★	目標得点	12／15点
制限時間	8分	得点	／15点

問：次の 1 ～ 15 の空所を補うものとして最も適当な語を，A ～ K の中から選べ。ただし，使われない語が含まれていることもある。また，同じ語を繰り返して使うこともできる。空所に何も補う必要のない場合には L を選べ。

A. at　B. by　C. for　D. from　E. in　F. into
G. of　H. on　I. to　J. under　K. with　L. NO WORD

☐ 1 You should always be kind [1] everyone who comes to you for help.

☐ 2 What would you spend your money [2] first if you suddenly became wealthy?

☐ 3 They thought it was completely characteristic [3] him to volunteer his time.

☐ 4 At night she studied, and [4] day she had to work for her family.

☐ 5 She has been in her room for two hours, [5] preparing for her term examinations.

☐ 6 You should try to go easy if you want to avoid an argument [6] him.

☐ 7 He hit the golf ball with confidence, and it rolled slowly [7] the hole.

答1 あなたは，助けを求めてくる人には，誰にでもいつでも親切にするべきだ。 ☞前置詞

1 ⇒ I. to

▶ be kind to 〜 で「〜に親切にする」という表現。toは行為の対象，方向を示す前置詞で，write a letter to 〜 などと同じ用法。

答2 もしあなたが突然お金持ちになったら，はじめに何に使いますか。 ☞前置詞

2 ⇒ H. on

▶ spend お金 on 〜 で「お金を〜に費やす」の表現。後ろの副詞firstにごまかされないように。onの目的語はwhatである。

答3 彼らは，進んで自分の時間をささげるなんて全く彼らしいと思った。 ☞前置詞

3 ⇒ G. of

▶ be characteristic of 〜 は「〜の特徴をよく表している」という意味で，「〜」の部分に人を入れると「いかにも〜らしい」という訳ができる。characteristicの代わりにtypicalを使っても同じ意味。

答4 彼女は，夜は勉強し，昼は家族のために働かなくてはならなかった。 ☞前置詞

4 ⇒ B. by

▶ dayを使って「昼間に」を表すと，普通during the dayとなるが，ここは無冠詞なので，by dayを使う。これは書き言葉で，会話には通常用いない。

答5 彼女は期末試験の準備で，２時間，自分の部屋にいる。 ☞分詞

5 ⇒ L. NO WORD

▶完結した文章の後に，分詞で文章を補足説明する「付帯状況」の分詞構文。主語が同じならば，このように状況を表す分詞を続けることができる。

答6 彼と議論することを避けたいのなら，あなたは気楽にいくべきだ。 ☞前置詞

6 ⇒ K. with

▶ argumentは「議論」で，「彼との議論」だからwithを使う。動詞argueでも他動詞，自動詞にかかわらず，議論の相手はwithを使って表す。go easyは「気楽にやる」という意味。

答7 彼は自信を持ってゴルフボールを打った。そしてボールはゆっくりと転がって，カップの中に入った。 ☞前置詞

7 ⇒ F. into (E. in, I. toでも可)

▶文全体より，「ボールが穴に転がって入った」という意味にする。外から中への動きを示す前置詞はinto（またはin）。また，「穴の方へ転がっていった」と解するならばtoでも成り立つ。

☐ **8** Most of the employees there are college students who work [8] a part-time basis.

☐ **9** The board has elected him president, but the employees are unhappy [9] him.

☐ **10** I heard the next recital at the hall is a duet [10] piano and violin by Mozart.

☐ **11** He has been [11] poor health since he graduated from junior high school.

☐ **12** The boy was throwing rocks [12] the empty can floating in the water.

☐ **13** Have you gained some weight, or are you wearing something [13] your sweater?

☐ **14** He looks young, but he is well over 50 years [14] age. Can you believe that?

☐ **15** You've got to believe me. I'm talking [15] my experience.

答8 そこの従業員のほとんどはアルバイトの大学生だ。 ☞前置詞

8 ⇒ H. on

▶「基準，基盤」を意味するbasisは，前置詞onを使ってon a ..... basisで「……の基準で」という意味になる。ここでは，work on a part-time basisで「パートタイム（アルバイト）という条件で働く」という意味になる。

答9 委員会は彼を社長に選んだが，従業員は彼に不満がある。 ☞前置詞

9 ⇒ K. with

▶ unhappyを「不満がある」という意味で使うとき，その対象はwithやaboutで表す。この場合のwithは，aboutと同じく「～に関して」という意味。

答10 私はそのホールで行われる次の演奏会が，モーツァルト作曲のピアノとバイオリンの二重奏曲だと聞いた。 ☞前置詞

10 ⇒ C. for

▶楽曲の後に演奏楽器を加える場合はforで表現する。e.g. Concerto for two Violins and Orchestra「２つのバイオリンと管弦楽のための協奏曲」。

答11 彼は中学校を卒業して以来，不健康である。 ☞前置詞

11 ⇒ E. in

▶ be in poor healthで「健康がすぐれない」の意味。poorの代わりにillやbadも使える。反対は，be in good healthとなる。

答12 少年は，水面に浮く空き缶目がけて石を投げていた。 ☞前置詞

12 ⇒ A. at

▶ throw A at B で「Bに向かってAを投げる」という意味。このatは「～を目がけて」を意味し，look at ～ やlaugh at ～ のatと同じである。

答13 あなた，ちょっと太ったの，それともセーターの下に何か着てるの。 ☞前置詞

13 ⇒ J. under

▶重ね着を表す「Bの下にAを着る」はwear A under B と表す。肌着類，下着類はunderwearという。gain weightは「太る」という意味。

答14 彼は若く見えるけど，年齢は50過ぎなんだよ。信じられるかい。 ☞前置詞

14 ⇒ G. of

▶年齢を表す表現には，be 数字 years of age，be 数字 years oldなどがある。

答15 あなたは私を信じなければならない。私は自分の経験に基づいて話しているのだから。

15 ⇒ D. from ☞前置詞

▶ have got to **V**は，have to **V**（**V**しなければならない）と同じで，相手を説得している文。「経験から話している」と考えてfromを使う。

Date： 月 日

13 明治学院大（法）

難易度	★★★	目標得点	4／5点
制限時間	4分	得点	／5点

問：次の 1 ～ 5 の空所に入る語（句）を，①～⑤から 1 つ選べ。

□1 We now live in one world in the sense [1] we have become globally interrelated and interdependent.

① now that　② that　③ what
④ which　⑤ while

□2 The urge to get the better of everyone else was [2] I did not have when young.

① all　② none　③ something
④ that　⑤ which

□3 Some people are highly intelligent in certain ways, but profoundly stupid in [3] .

① both　② either　③ no other
④ others　⑤ those

□4 The real progress of humankind is progress in charity, all other advances [4] secondary to it.

① being　② much　③ such as
④ that　⑤ with

□5 The bank will extend your loan, [5] .

① as the need is arising　② if the need will arise
③ should the need arise　④ unless the need arises
⑤ when will the need arise

答1　われわれは今，地球規模でお互いに関係を持ち依存し合っているという意味で，１つの世界に住んでいる。　☞接続詞

[1] ⇒ ② that

▶空所の後ろが完全な文の形になっているので，関係代名詞は使えない。逆に空所の前はこれだけでは意味をなさないので，senseの後に同格のthat節を続けて，in the sense that **S V** (**S**が**V**するという意味で) という形にするのが正解。

答2　他のみんなに勝とうとする衝動は，私が若い頃持ってはいないものだった。　☞代名詞

[2] ⇒ ③ something

▶ wasの後ろは**C**にあたる要素，つまり名詞のかたまりを置く必要がある。① allや② noneでは意味が通じず，④ thatは「……ということ」の意味を表すので主語のThe urge (衝動) とイコールの関係で結べない。正解は③ somethingで，後ろにthat (目的格の関係代名詞) が省略された形にする。

答3　ある点では非常に利口だが，別の点では全く愚かな人々がいる。　☞代名詞

[3] ⇒ ④ others

▶ in certain ways (ある点では) と対比させて「別の点では」という意味の副詞句を作るには，in other waysとすればよい。ここで，waysの反復を避けるために，other waysをothersで置き換えることができる。

答4　人類の真の進歩は思いやりの心の進歩であり，他のすべての進歩はそれに比べれば重要ではない。　☞分詞構文

[4] ⇒ ① being

▶カンマの前の部分が完全な文の形なので，all以下は副詞の働きをする。secondaryは形容詞なので，③ such asや⑤ withを前に置くことはできず，② muchや④ thatでは意味も形も整わない。① beingを入れて分詞構文にするのが正解。文全体の主語と分詞の主語 (all other advances) とが異なるので，分詞の前に意味上の主語が残った独立分詞構文である。

答5　万一必要が生じれば，銀行はあなたへの貸付を延長するだろう。　☞仮定法

[5] ⇒ ③ should the need arise

▶ ifやwhenの節中ではwillは使えないので，② ⑤は除外する。④ unlessだと意味が不自然。また，ariseはある１つの時点で何かが起こることを意味するので，普通進行形にはしない (startやarriveを「出発［到着］しつつある」の意味の進行形にしないのと同様)。正解は③。if the need should arise (万一必要が生じれば) のifが省略された倒置形である。

Date： 月 日

14 早稲田大(法)

難易度	★★★	目標得点	4／5点
制限時間	4分	得点	／5点

問：Choose the one way to complete each of these sentences that would make it grammatically INCORRECT.

□ 1 The interview could be cancelled [1] .

① if the reporter arrived late
② if the reporter arrives late
③ if the reporter had arrived late
④ if the reporter were to arrive late
⑤ should the reporter arrive late

□ 2 The poor student has been at a loss [2] .

① at the beginning of the lecture
② for the entire lecture
③ from the start of the lecture
④ since the opening of the lecture
⑤ whenever there has been a lecture

□ 3 After being on the road for so long, he felt a great need [3] .

① for a wash himself
② for a wash the car
③ to wash
④ to wash himself
⑤ to wash the car

答1　インタビューは，(①②もし　④⑤万一) 記者が遅れて到着したら中止される可能性がある。 ☞仮定法

[1]⇒③ if the reporter had arrived late

▶①は仮定法の基本形。couldはcanの控えめな表現として，②のように直説法と共に使うこともできる。④のwere to V (万一Vすれば) は実現の可能性がほとんどない事柄を仮定するときに使い，主節の助動詞は仮定法過去に準じて過去形にする。⑤はif the reporter should arrive lateのifが省略された倒置形。主節の助動詞はcanでもcouldでもよい。③はif節が仮定法過去完了で，主節は仮定法過去の形をしている。このような形が可能な場合もあるが，この文では意味が通じないので誤り。

答2　その気の毒な学生は (②講義の間中　③④講義の最初から　⑤講義があるときはいつでも) ずっと途方にくれている。 ☞時制

[2]⇒① at the beginning of the lecture

▶述語動詞が現在完了形である点に着目する。② ③ ④ ⑤は現在完了と共に使うことができるが，①は (過去の) 1時点を表す言い方なので，述語動詞は過去形 (was) にしなければならない。

答3　とても長い間車で旅行した後で，彼は (①自分で洗濯する　③洗濯する　④体を洗う　⑤車を洗う) 必要を強く感じた。 ☞名詞・前置詞

[3]⇒② for a wash the car

▶名詞のneedは，need for ～ (～の必要性) またはneed to V (Vする必要性) の形を取る。washは，動詞のときは「(～を) 洗う」，名詞のときは「洗濯」の意味。したがって③⑤は正しい。④のwash himselfは「自分の体を洗う」，①はhimselfが副詞的に「自分で」の意味で使われており，どちらも正しい。②のwashは名詞なので，a wash the carだと冠詞付きの名詞が並ぶことになり誤り。washの後ろにofを置いて「車の洗濯」の意味にする必要がある。

□ **4** Although we keep assuring her she'll pass without a problem, she has [4] the exam.

① continued to worry about
② continued worries about
③ continuing to worry about
④ continuing worries about
⑤ to continue worrying about

□ **5** Having [5] for many years without making substantial progress, she has come to dislike it.

① been learning the language
② had to learn the language
③ learned the language
④ to be learning the language
⑤ tried learning the language

答4 問題なく合格するだろうとわれわれは彼女に断言し続けているが，彼女は試験（①のことをずっと心配し続けている　②④についての引き続く不安を持っている　⑤について心配し続けねばならない）。
☞時制・不定詞

[4] ⇒ ③ continuing to worry about

▶①はcontinue to **V**（**V**し続ける）を現在完了形にしたもの。② ④は，共にcontinued, continuingが分詞として後ろの名詞worries（心配）を修飾している。⑤はcontinue **V**ing（**V**し続ける）の前に助動詞のhas toが付いた形。これらはすべて正しいが，③はto worryが不定詞なのでcontinuingは動詞の活用形と考えられ，has **V**ingの形が誤りとなる。

答5 十分に進歩しないまま長年（①③その言語を習い続けてきたので　②その言語を習わねばならなかったので　⑤試しにその言語を習ってきたので），彼女はそれが嫌いになってしまった。
☞時制・助動詞

[5] ⇒ ④ to be learning the language

▶① ③ ⑤は，現在完了（進行）形を分詞構文にしたもの。⑤のtry **V**ingは「試しに**V**してみる」の意味。②はhave to **V**（**V**せねばならない）を現在完了形にし，さらにそれを分詞構文にしたもの。これらはすべて正しい。④のHaving to be learningは「学びつつあるに違いないので」の意味に解釈できる（このhave to **V**は「**V**するに違いない」の意味。「**V**しなければならない」の場合は後ろにbe **V**ingの形は置けない）が，カンマの後ろと意味的につながらないので誤り。

Special Column vol.1

外国語学習の目的

皆さんは，外国語学習の目的というと何を思い浮かべるでしょうか。

もちろん，将来ビジネスで役に立つことはいうまでもありません。インターネットで情報を収集することが当たり前の現代社会ですが，インターネット上の言語の半分以上が英語です。日本語はわずか５％未満にすぎません。また，生成 AI に指示を出す際にも，英語で指示を出せることが，大きなアドバンテージとなります。世界経済の共通語が英語であることは間違いなく，英語ができる人と，できない人の所得や地位における格差は今後も広がっていくことが予想されます。将来，ビジネスの世界で活躍したいと思っている人にとって，語学力は必須条件といえるでしょう。

また英語を勉強し，読み・書き・話すことができるようになると，当然他の文化圏の人々との接触が多くなります。違う文化の考え方に多く触れることは，自己のアイデンティティを確立する手助けにもなるのです。私も他の文化の人々と多く話をするようになるまでは，自分が日本人であるということを意識することはあまりありませんでした。しかし，英語を学び，他文化の人々との接触を重ねれば重ねるほど，日本人としての自分を客観視し，われわれの文化の良いところも悪いところもわかるようになってきました。

このように長期的な視野で見れば，英語を学ぶことによって得られるものは，大学合格や資格取得という目の前の目標だけにとどまるものではありません。英語が将来どのように役立つかを意識して日々の学習を進めれば，外国語学習はもっともっと楽しいものになるのではないでしょうか。

LV6

Lesson 02

正誤問題

Lesson 02

正誤問題

LV6 Lesson02

正誤問題は書く力を選択形式で試す問題と考えることができるだろう。私たちが英文を書くときには，書いた後にそれを読み直してミスがないかをチェックしなければならない。実際にエッセイや自由英作文を書く形式では，皆さんの書いた英語が直接添削されるが，その正しい英文を書く能力，つまり英語を構成する能力を間接的に試そうというのが正誤問題だ。

正誤問題を解くときにはいくつか注意しなければならないことがある。ここでは，正誤問題で特にねらわれやすいポイントを３つ紹介しよう。

①単数形・複数形

主語が３人称単数の場合，現在形では，動詞には３人称単数現在のsが付かなければならない。主語と動詞が文の中で大きく離れているような場合には，これをついつい見逃してしまいがちだ。

実際に英文を書くときにも，この間違いが非常に多いため，正誤問題でも離れた主語と述語動詞の一致を問う問題がしばしば見られる。その他，関係代名詞の先行詞と関係代名詞に続く動詞の一致なども頻出なので，単数形・複数形に対応した動詞の一致には常に気をつけるようにしたい。

問　次の英文の下線部のうち，誤った英語表現を含む番号を選べ。誤りがない場合には⑤を選べ。

The official emphasized ①<u>the need to revise</u> the ②<u>eligibility criteria</u> for immigration ③<u>as it was</u> ④<u>too complicated.</u> ⑤<u>NO ERROR</u>

〔早稲田大（人間科）〈改〉〕

まずは前半部分を見てみる。toからimmigrationまでの不定詞句がthe needを修飾しており，the need to revise the eligibility criteria for immigration（移民の資格基準を見直す必要性）が動詞emphasizedの目的語となっている。criteriaはcriterion（基準）の複数形。ここまでは特に問題は見受けられない。

次に後半部分に注目してみると，接続詞asを使って理由が述べられている。as it was too complicated（それは複雑すぎるため）のitが何を指しているか考えてみる。the eligibility criteria（資格基準）が複雑すぎるため，と考えると文の意味が通るが，criteriaは前述の通り**複数名詞**であるため，③ as it wasをas they wereとする必要がある。

答⇒③ as it was → as they were

（訳：その職員は，移民の資格基準が複雑すぎるため，それらを見直す必要性を強調した。）

②代名詞・冠詞

次に注意したいのが代名詞や冠詞で，前述した①の単数形・複数形とも関連する部分だ。単数の名詞なのに複数の代名詞で受けている，代名詞の格が間違っている，など英文を書くときに間違えやすい代名詞や冠詞の使い方が頻出である。

問　次の英文の下線部のうち，誤った英語表現を含む番号を選べ。誤りがない場合には⑤を選べ。

The cat was ①chasing ②it tail in circles, unaware ③that the curious kitten from next door had joined in ④it.

⑤NO ERROR

まずはカンマよりも前の部分に注目してみると，過去進行形になっていることがわかる。動詞chase（追いかける）の目的語が何かを考える。目的語が② itだとすると，itが何を指しているのかが不明瞭であるうえに，その後ろのtailが余ってしまう。意味を考えると，これはits tail（その［猫の］しっぽ）の間違いであると考えるのが自然だ。itsはitの所有格で，ここではits tail = the cat's tailとなる。なお，④のitは猫そのものではなく，「猫がしっぽを追いかけていること」を指している。

答⇒② it → its

（訳：そのネコは，隣の家の好奇心旺盛な子ネコが加わったことに気が付かずに，自分のしっぽをくるくると追いかけていた。）

③時制

英語のエッセイを書くときに，時制は特に間違いやすいポイントである。したがって，正誤問題においても同様に注意しなければならない。全体が現在形で書かれているのに1カ所だけ過去形であったり，全体が過去形で書かれているのに1カ所だけ現在形であったり，そのような間違いを見つけさせるような問題がしばしば見受けられる。

問　次の英文の下線部のうち，誤った英語表現を含む番号を選べ。誤りがない場合には⑤を選べ。

The book ①that he ②reads ③during his vacation last year turned out ④to be his favorite. ⑤NO ERROR

turn out to be 〜 は「〜となる，〜と判明する」という意味の重要表現で，④は間違っていない。この文の主語はThe bookからlast yearまでである。thatからlast yearまでの関係代名詞節が先行詞のThe bookを修飾しているが，本を読んだのは昨年であり，これは過去のことなのでreadsをreadとする必要がある。したがって②は誤り。readの活用はread[rí:d]-read[réd]-read[réd]であることも覚えておこう。turned out to be his favorite（お気に入りになった）のが過去のことである点からも，本を読んだのが過去のことでないとおかしいとわかる。

答⇒② reads → read

（訳：彼が昨年休暇中に読んだ本は彼のお気に入りになった。）

正誤問題をたくさん解くことで，自分がエッセイや自由英作文を書くときにもこのようなポイントを間違えにくくなり，英文法を考えながら書くチェック能力が身に付く。ライティングの練習としても正誤問題を活用するのがいいだろう。

Date：　月　日

1 上智大(神・文・経)

難易度	★★★	目標得点	8／10点
制限時間	8分	得点	／10点

問：次の下線部で誤っている部分を１つ選べ。

□ 1 His teacher ① has told him that ② in order to avoid losing points ③ unnecessarily he ④ must have to check his work.

□ 2 I have ① hardly some money, but ② I think I will be able to get a ③ loan from the bank tomorrow or ④ in the near future.

□ 3 ① His uncle is owning ② no fewer than ten houses, and ③ all of them are let at very ④ high rent rates.

□ 4 The Moscow Art Theater, ① relying on Stanislavsky's naturalistic use of acting ② and his insistence that actors explore ③ his own psyches and emotions in preparing for a role, became ④ Russia's principal vehicle for public art.

□ 5 The physical attributes of the territory, ① with its magnificent deepwater harbor, ② should make it an ideal location ③ for a navy wanting to play an influential role ④ in disputed area such as the Taiwan Straits or the South China Sea.

□ 6 Because the new central bank ① will replace all the national central banks, including ② that which currently do not have full independence, currency ③ stability on the internal markets will increase, ④ not decrease with the Euro.

答1 彼の教師は彼に，不必要に得点を失うことを避けるために，自分の勉強を確認しなければならないと言っている。 ☞助動詞

⇒④ must have to → must [has to]

▶ mustは義務（Vしなければならない）か断定（Vにちがいない）。ここでは，in order to V（Vするために）が先行しているので義務。mustとhave toでは同じ意味の繰り返しで意味をなさない。

答2 私はほとんどお金を持っていないが，明日か近い将来には銀行からお金を借りられると思う。

⇒① some → any ☞否定

▶ hardly any ～ で，few[little] ～ の意味になる。hardly some ～ とはいわない。get a loan from ～ で「～から貸付を受ける」。in the futureは「将来」という意味で，nearが付いて，「近い将来」となる。いずれも正しい表現。

答3 彼の叔父は10軒も家を持っていて，しかもそれらはどれも賃貸料がすごく高い。 ☞動詞

⇒① is owning → owns

▶ ownは進行形にできない。no fewer than ～ は，no less than ～ と同じく数が多いことを意味する。後者が数・量ともに使えるのに対し，前者は数えられる名詞にしか使えない。

答4 モスクワ芸術劇場は，スタニスラフスキーの演技の自然な使い方と，俳優は役の準備をする際に自己の精神と感情を探求すべきだという彼の主張を基盤にして，ロシアにおける大衆芸術の主要表現媒体となった。 ☞代名詞

⇒③ his → their

▶③ his own psychesのhisはactorsの代名詞である。rely on ～（～に依存する）は，ここでは「～をもとにして活動する」ぐらいの意味。vehicleは「媒体」で，「ロシアの大衆芸術シーンで全体を引っ張っていく役割をした」という意味になる。

答5 その領域の自然的特性は，とても水深の深い港があるので，その領域を，台湾海峡や南シナ海といった紛争地域で影響を与えようとしている海軍にとって理想的な場所にしている。

⇒④ area → areas ☞名詞

▶ areaは「地域」という意味では可算名詞なので，冠詞を付けるか複数形にする必要がある。単数でも誤りとはいえないが，そのような地域はいくつもあるだろうから複数の方が自然。① withは所有，② shouldは当然を表す。このitは形式目的語ではなく，the territoryを指している。③ wantingはnavyを修飾している。

答6 その新しい中央銀行は，今のところはまだ完全に独立していないものも含めて，域内のすべての中央銀行に取って代わるだろうから，域内の通貨の安定性は，ユーロに関しては減少することなく増すだろう。 ☞代名詞

⇒② that → those

▶主格の関係代名詞の場合，先行詞と関係詞の中の動詞の数は一致しなければならない。②では先行詞になっている（指示）代名詞thatは「中央銀行」を指すと考えられるが，動詞部分のdo not haveと一致していない。意味から銀行は複数と考えられるので，thatをthoseにすれば正しい文になる。

□ **7** Faced with ①the most massive array of firepower since the Gulf War, tobacco companies surrendered last week ②and agree to pay an astounding $368 billion ③as punishment for selling a perfectly legal, ④heavily taxed product to millions of Americans.

□ **8** ①Scientists have not confirmed ②any general rise in ocean levels, but Pacific Islanders believe ③something is already happening, ④and blames global warming.

□ **9** A Croatian general charged with authorizing ①hundred of civilian killings and ②other atrocities in wartime Bosnia in 1993 ③went on trial Tuesday in the first war-crimes proceeding ④against a commander since World War II.

□ **10** ①For thousands of years, the Isahaya wetlands in southern Japan teemed with exotic birds, rare fish and ②a rich, delicate ecosystem that sustained ③more than 500 species of sea life, some ④of whom endangered.

答7 湾岸戦争以来の最も強力な火力に直面して，タバコ会社は先週降伏し，完全に合法的で，重い税金が課せられた製品を何百万ものアメリカ国民に売った罰として，驚愕的な3680億ドルもの金額を支払うことに同意した。 ☞時制

⇒② agree → agreed

▶文の主語はtobacco companiesで，動詞はsurrenderedとandの後のagreeだと考えれば，agreeが過去形でないのはおかしいと気づく。a perfectly legal, heavily taxed productは，全体で冠詞（＋副詞）＋形容詞＋名詞のパターンだと考えれば，全く自然で間違いではない。

答8 科学者たちは海面の高さが全般的にどのくらい上昇しているか全く確認していないが，太平洋の島々の住民たちは，すでに何かが起こっていると信じていて，地球温暖化を非難している。 ☞動詞

⇒④ blames → blame

▶andの後が前のどこにつながるかを明確にするのが，英文を読むときの鉄則。④ andの後のblames（非難する）は動詞。主語を探すと，Pacific Islandersと複数形だから，3単現のsが誤りだとわかる。② riseはここでは名詞。③ alreadyは進行形にも使える。

答9 1993年の戦時下のボスニアにおいて，何百人もの市民の殺害や他の残虐行為に許可を与えたとして告発されていたクロアチアの将軍が，火曜日に裁判にかけられたが，これは指揮官に対するものとしては，第2次世界大戦以来，初めての戦争犯罪処理である。☞名詞

⇒① hundred → hundreds

▶hundredは具体的な数を示す場合，two hundredのように常に単数だが，前に数がない場合はhundreds of ～（何百もの～）のように複数形でなければならない。atrocityは，「残虐行為」を表す場合は通常，複数形になる。Tuesdayなどの曜日は前置詞onがなくても可。

答10 数千年もの間，日本の南部にある諫早（いさはや）湿地は，異国風の鳥や珍しい魚，また豊かで繊細な生態系で満ちあふれていた。その生態系は，500種類以上の海洋生物を支えていたが，それらの中には今，危機にひんしているものもある。 ☞関係詞・動詞・受動態

⇒④ of whom endangered → of which are endangered

▶of whomの先行詞を探すと，人にあたるものがない。文意から先行詞は人ではなくspeciesと判断できるので，関係代名詞はwhomではなくwhichとなる。endanger ～（～を危険に陥れる）を，「それらの生物が危機にひんしている」という意味にするには受動態でなければならない。

Date： 月 日

2 早稲田大(人間科)

難易度	★★★	目標得点	8／10点
制限時間	8分	得点	／10点

問：次の 1 ～ 10のうち，誤った英語表現を含んだ部分がある場合には①～④の中の１つを，誤りがない場合には⑤を選べ。

□ 1 He ①once considered ②himself ③a good friend with the man, but he was ④mistaken. ⑤NO ERROR

□ 2 I didn't know if I ①should continue ②reading. The old man seemed to ③be sleeping ④in the chair. ⑤NO ERROR

□ 3 ①Over weekend she ②is planning to go on ③a sightseeing tour and do ④some bird watching. ⑤NO ERROR

□ 4 ①This is the third time you ②ask me ③the same question. Don't you ④remember? ⑤NO ERROR

□ 5 It was ①so good milk that they ②couldn't stop drinking ③it. ④The temperature was also high. ⑤NO ERROR

□ 6 Many people ①were infected with ②the disease, but ③not one of us had ④a medical background. ⑤NO ERROR

答1 彼はかつて自分がその男と良い友達であると思っていたが，彼は思い違いしていた。

⇒③ a good friend → good friends ☞熟語

▶「～と友達だ［親しい］」は，be friends with ～ と複数形になる。ここでは，consider **O C**（**O**を**C**と思う）の**C**にあたるのでbe動詞は使わないが，複数形はそのまま残って friends with ～ にする。この複数形は，shake hands with ～ やchange seatsなどと同じものである。

答2 私は読み続けるべきかどうかわからなかった。その老人は椅子の中で眠っているように見えた。 ☞前置詞

⇒⑤ NO ERROR

▶① shouldは時制の一致を考慮しなくてよい。② continue **V**ingは正しい用法。③ seem to **V**は**V**に進行形が来ても構わない。④ chairは通常onを使うが，肘掛け椅子などのように，座ったときに中に入る感じのものはinを使うこともあるので間違いとはいえない。

答3 彼女は週末にかけて，観光旅行に出かけ，バードウォッチングをするつもりだ。 ☞冠詞

⇒① Over weekend → Over the weekend

▶通常，形容詞を付けずに「週末に」という場合は定冠詞theを用いる。② be planning to **V**で「**V**するつもりだ」。③ sightseeingは形容詞としても使える。④ someは不可算名詞に用いて「いくらかの」という意味も持つが，動名詞にも用いることができる。

答4 あなたが同じ質問を私にするのはこれで３度目だ。覚えてないの。 ☞完了

⇒② ask → have asked

▶現在行っている行動を含めて「～回目」という場合には，現在完了を用いる。e.g. This is the second time I have visited this place.「私がこの場所を訪れるのはこれで２回目だ。」

答5 とてもおいしい牛乳だったので，彼らはその牛乳を飲むのをやめることができなかった。気温もまた暖かかった。 ☞形容詞

⇒① so → such

▶ soが形容詞＋名詞を修飾できるのは，so＋形容詞＋a＋名詞かso many＋名詞の場合のみ。milkは不可算名詞で不定冠詞aが使えないので，soをsuchにするか，The milk was so good that ..... とする。② couldn't stop drinkingのstopはhelpとほぼ同じ意味。

答6 多くの人々がその病気に感染していたが，私たちの中に医学の心得がある者は誰１人いなかった。 ☞動詞・否定

⇒⑤ NO ERROR

▶ infectは人を目的語に取る他動詞だから，「（人が）感染している」という場合にはbe infectedと受け身で使う。③ not one of us ..... で「私たちの誰１人も･････ない」という表現。④のbackgroundは，「経歴」とか「素養」という意味で，可算，不可算両方の使い方がある。medicalは「医学の」という意味の形容詞。

☐ **7** I'm at home ①most of the times. ②If not, leave ③a message ④on the answering machine. ⑤NO ERROR

☐ **8** The company ①has received ②a great deal of complaints ③about ④the computer software. ⑤NO ERROR

☐ **9** When I was introduced ①to him, I ②realized that we ③had met at a party a couple of years ④before. ⑤NO ERROR

☐ **10** Herds of ①cattle were seen ②eat grass ③on the ranch in the warmth of ④the spring sun. ⑤NO ERROR

答7 私は普通，家にいます。もしいなければ，留守番電話にメッセージを残しておいてください。 ☞名詞

⇒① times → time

▶ timeを複数形で使うのは一般的に，時代・回数を表す場合だけ。期間を表す場合には不可算名詞となる。② if notのnotは前の文を否定するもの，③ message（伝言）は可算名詞，④ answering machineは留守番電話のことで，answer-phoneともいう。

答8 その会社は，そのコンピュータソフトに関する苦情をたくさん受け取っている。 ☞名詞

⇒② a great deal of → a lot ofまたはa great[large] number of

▶ a great deal ofは通常，不可算名詞か可算名詞の単数形に使われるので，ここでは可算名詞を修飾するa lot ofまたはa great[large] number ofに変える。

答9 私は彼に紹介されたとき，私たちが2，3年前のパーティーで会っていることに気づいた。

⇒⑤ NO ERROR ☞受動態・動詞・時制

▶①はintroduce A to B（AをBに紹介する）を受動態にしたもの。②は「気づく」という意味のrealizeで，that節を目的語に取ることができる。③ ④については，紹介されて気づいたのは過去で，その時点よりも前に会ったことがあるのだから，時制は過去完了で「～前に」のbeforeを使う。いずれも正しい用法。

答10 春の日差しの暖かさの中で，牛の群れが牧場で草を食べている姿が見えた。 ☞受動態

⇒② eat → to eat

▶知覚動詞＋**O**＋**V**の構文は，受動態では，be＋知覚動詞の過去分詞＋to **V**になる。その他，herdは「牛や馬の群れ」の意味で単数形のまま複数名詞扱いもできるし，このように複数形で使うこともできる。sunには「太陽」の意味と「日差し，日の光」の意味があり，ここでは後者。

Date： 月 日

3 成蹊大(法)

難易度	★★★	目標得点	8／10点
制限時間	8分	得点	／10点

問：次の 1 ～ 10 に与えられた英文の下線部①～④から現代英語の標準的用法に照らして不適当なものを 1 つずつ選べ。

□ 1 Everybody but ①you and ②he ③has joined the ④school organization.

□ 2 ①Contrary to the economists' prediction that the ②coming inflation would be signaled by ③a round of wage increases, the salary index ④has fell slightly.

□ 3 ①Extreme patriots always believe that ②their country is ③better than ④other country.

□ 4 ①During the recent gasoline shortage, the ②amount of accidents ③on our freeways decreased ④markedly.

□ 5 After the strenuous ①workout, I felt rather ②weakly; it was ③then that I realized that I was ④no longer a young man.

□ 6 If he ①would have lain quietly ②as instructed by the doctor, he might not ③have had ④a second heart attack.

答1 あなたと彼を除くすべての人は，学校の組織に加入している。 ☞前置詞

⇒② he → him

▶all，every，noなどの後に来るbutは前置詞で，その次の語は目的格となるのが原則。ただし修飾されるall ～，every ～，no ～ が主語になる場合，主格になることもあるが，現代英語ではまれ。現代英語の標準的用法という観点からは，heをhimにするのが適切。

答2 一連の賃金の増加が，次のインフレへの兆しとなるだろうという経済学者の予言に反して，給与指数はわずかに下がった。 ☞動詞

⇒④ has fell → has fallen

▶fall (落ちる) の過去分詞は，fellではなくfallenが正しい。① contrary to ～ は「～に反して」という副詞句。② comingは分詞だが「これからやって来る」という意味の形容詞と考える。③のroundは「連続」という意味で，a round of ～ で「一連の～」。いずれも正しい用法。

答3 過激な愛国者は，自分の国が他のどんな国よりもすばらしいと常に信じている。 ☞比較

⇒④ other country → any other country

▶最上級の意味を比較級で表す言い方である，比較級＋than any other 単数名詞のanyが抜けているので，それを補う必要がある。

答4 最近のガソリン不足の間，高速道路における事故の数が著しく減少した。 ☞名詞

⇒② amount → number

▶the amount of ～ は量についての言い方で，通常は不可算名詞が後に来る。ここでは，可算名詞のaccidentsが問題になっているので，数を表すnumberを使って，「事故の数」としなければならない。① duringは前置詞。③ onは前置詞で「～の上」を表し，④ markedlyは「著しく」という意味の副詞で，いずれも正しい用法。

答5 熱心に練習をした後，私はいくぶん衰えを感じた。私がもはや若くはないと悟ったのはそのときだった。 ☞形容詞

⇒② weakly → weak

▶日本語で考えると間違いやすい問題。「弱々しく感じる (衰えを感じる)」という場合，「弱々しく」というのは副詞で書きたくなるが，**S V C**の**C**なので，I feel happy (× happily ×) と同じく形容詞になる。① workoutは「(スポーツ選手の) トレーニング」。文の後半は強調構文で，③ then (そのとき) を強調している。④ no longer ..... は「もはや‥‥‥ない」という否定の表現で，not ..... any longerと同じ。

答6 もし彼が医者に指示された通りに静かに寝ていたら，２度目の心臓発作は起きなかったのに。 ☞仮定法

⇒① would have lain → had lain

▶過去の仮定を表す仮定法過去完了では，if節の中は過去完了にする。②のas instructed by the doctorは従属節で，主語とbe動詞が省略されたもの。③のmight not have hadは仮定法過去完了の帰結節の部分で，助動詞の過去形＋have $\mathbf{V_{pp}}$でよい。second ～ は普通，定冠詞のtheを用いるが，特に順序を意識せずに「次の～」という意味の場合は不定冠詞も用いられる。

☐ 7 If anyone in the audience ①has anything ②to add to ③which the speaker has said, let ④him speak up.

☐ 8 ①As concertmaster, Ms. Hernandez insists that her musicians ②practice as regularly and ③as hard ④the way she has always done herself.

☐ 9 Many adults ①take vitamins every day, but they do ②hardly nothing ③about the excess weight that ④threatens their health.

☐ 10 Cesar Chavez, ①president of the United Farm Workers union, ②called for a Congressional investigation ③of certain California lettuce growers ④whom, he said, were giving bribes to a rival union.

答7 もし聴衆の中に，演説者の言ったことに何か付け加えることがある人がいたら，大きな声で話をさせてあげてください。 ☞関係詞

⇒③ which → what

▶ whichの先行詞をanythingと考えると文意が通らない。add A to Bの構文をあてはめてanything to addで「何か付け加えること」，次のtoの後ろに「演説者の言ったこと」を意味する語句を続ければ文意が通るので，whichをwhatにする。①は仮定法ではなく単なる条件なので現在形で構わない。④ himはanyoneを指している。

答8 コンサートマスターとして，ヘルナンデスさんは，彼女のオーケストラの奏者は，彼女がずっとやってきたように，規則的に真剣に練習すべきだと主張している。 ☞比較

⇒④ the way → as

▶「…… と同じように…」を表現する場合，(in) the way ..... とas ... as ..... がある。ここでは，as regularlyとas hardの両方のasを省いても文が成り立つが，as regularlyの方は誤りの箇所に含まれていないので，④ the wayをasにすれば正しい文になる。② practiceは，要求・提案を表すthat節の中なので，shouldを使ってもよいし，shouldを使わずにこのように原形でも表せる。

答9 多くの成人は毎日ビタミンを摂取するが，健康を脅かす太り過ぎに関しては，ほとんど何もしていない。 ☞否定

⇒② hardly nothing → hardly anything

▶ hardlyだけで否定の意味を表すので，hardly nothingとする必要はない。hardly [scarcely] any 〜 でfew[little] 〜 と同じなので，それを使って「ほとんど何もしない」の意味にする。① takeは「摂取する」。③のdo something about 〜 で「〜に関して何かをする」。④ threatenは「脅かす」という意味の動詞で，関係代名詞thatの先行詞はexcess weightだから3単現のsが必要なのでこのままで正しい。

答10 農業労働者連合組合の長であるシーザー・チャベズは，ライバルの組合に賄賂を渡していると彼が言っている，あるカリフォルニアのレタス栽培者たちに対する国会での調査を求めた。 ☞関係詞

⇒④ whom → who

▶関係代名詞の格は，関係詞がその後に続く文の中でどのような役割を果たしているかで決まる。he saidが挿入されて見えにくくなっているが，ここではwere givingの主語になっているので，主格のwhoでなくてはならない。①では，役職名が人名の後に同格で続くときには無冠詞，② call forは「要求する」という意味でいずれも正しい用法。

Date： 月 日

4 早稲田大（人間科）〈改〉

難易度	★★★	目標得点	8／10点
制限時間	8分	得点	／10点

問：次の1 ～ 10のうち，誤った英語表現を含んだ部分がある場合には①～④の中の1つを，誤りがない場合には⑤を選べ。

□ 1 ①Closing that park ②owned by the city will make ③the room for a playground ④for children. ⑤NO ERROR

□ 2 ①Both your children are ②being well ③taken care of, as I said in my ④late letter. ⑤NO ERROR

□ 3 ①My friend John is very heavy ②as well as tall, ③just as his father was ④in his early 20s. ⑤NO ERROR

□ 4 He wanted to ①withdraw some money ②from the bank, but he found he ③lost his ④bank card. ⑤NO ERROR

□ 5 If you ①come across her address or ②phone number, would you ③please send it ④to me? ⑤NO ERROR

□ 6 She has beautiful blond ①hairs and clear blue ②eyes, always ③wearing a smile ④on her lips. ⑤NO ERROR

答1 その市が所有しているあの公園を閉鎖すれば，子供のための遊び場の空間ができるだろう。☞名詞

⇒③ the room → room

▶ roomが「空間，場所」を表すときは不可算名詞になり，無冠詞で使う。make room for ～ で「～のために場所を空ける」という意味。① closingは動名詞で，この文の主語になっている。② ownedは，own（所有する）の過去分詞で，parkを修飾している。

答2 あなたの子供は2人とも，私がこの前の手紙でいったように，よく面倒を見てもらっている。 ☞形容詞

⇒④ late → last

▶ lateは「遅い」「遅く」の意味で文意に反する。my last letterで「この前の手紙」となる。bothと所有格，the, theseなどが同時に使われる場合にはbothの方が前になる。進行形の受動態はbe動詞 being $\mathbf{V_{pp}}$となる。take care of ～ は全体で他動詞と考えて受動態を作ることができる。

答3 私の友達のジョンは身長が高いのと同様，体重もとても重くて，ちょうど彼の父親の20代前半の頃のようである。 ☞比較

⇒⑤ NO ERROR

▶①のMy friendとJohnは同格の関係，② A as well as B（B同様A）のAとBは同じ要素。ここでは，A，Bともに形容詞で主格補語になっている。③ just asのjustは，asの強調で「まさに同じように」。④ in one's 20sは「20代に」と個人の年代を意味する。ちなみに，in the 60sと所有格の代わりに定冠詞を使えば，「1960年代」という意味になる。

答4 彼は銀行からいくらかお金を引き出したかったが，キャッシュカードを失くしていたことに気づいた。 ☞時制

⇒③ lost → had lost

▶気づいたのが過去で，カードをなくしたのはそれ以前だから過去完了。① withdrawは「(銀行などからお金を) 引き出す」。drawでも同じ。④ bank cardは銀行発行のキャッシュカード。

答5 もし偶然に彼女の住所か電話番号がわかったら，私に送ってくれませんか。 ☞動詞

⇒⑤ NO ERROR

▶① come acrossは「偶然見つける」。② phone numberはtelephone numberと同じ。人に頼みごとをするときに，Will[Would] youの後に③ pleaseを入れると，さらに丁寧な表現になる。sendは二重目的語を取って**S V** $\mathbf{O_1}$ $\mathbf{O_2}$を作るが，$\mathbf{O_1}$と$\mathbf{O_2}$を入れ替えると**S V** $\mathbf{O_2}$ to $\mathbf{O_1}$となる。この文のように，目的語が2つとも代名詞のときには**S V O O**の構文は取れない。

答6 彼女は美しい金髪で透き通った青い目をしていて，口元にはいつもほほえみを浮かべている。☞名詞

⇒① hairs → hair

▶ hairは髪の毛1本1本を指す場合は可算名詞，髪の毛全体を指す場合には不可算名詞。ここでは，彼女の髪全体の色が問題なので複数形にはしない。③ wearingは「(表情などを) 浮かべている」という意味のwearの分詞構文。④ lipsは普通，上下の唇を別々に考えて複数形で表す。

□ **7** Since he had no money but had to ① pay the rent, he ② asked her to ③ borrow him ④ the money. ⑤ NO ERROR

□ **8** It's worth ① to visit the place if you ② have time. ③ Remember you must take ④ a local train. ⑤ NO ERROR

□ **9** She vacuumed ① the floors and ② cleaned ③ the glasses of the windows ④ all by herself. ⑤ NO ERROR

□ **10** ① As far as I ② could see, there was ③ only one chair in the room and ④ no other furniture. ⑤ NO ERROR

答7 彼はお金がなかったけれど賃貸料を払わなくてはならなかったので，彼女にお金を貸してくれるように頼んだ。 ☞動詞

⇒③ borrow → lend

▶「彼女が借りる (borrow)」のでは文意に合わない。また，borrowは二重目的語を取ることはできず，himが選択肢に含まれていないので，二重目的語を取るlendにする。pay the rentのrentは「家賃，部屋代」の意味。ask **O** to **V**で「**O**に**V**してくれるように頼む」。

答8 もしあなたに時間があるのなら，その場所は訪れる価値がある。各駅停車に乗らなければいけないことを覚えておいて。 ☞形容詞

⇒① to visit → visiting[while to visit]

▶「〜する価値がある」という場合のworthの使い方は多様であるが，Itを主語にするのは，itが前述のものを指す場合を除けば，形式主語のIt is worth while to **V** [**V**ing] とIt is worth **V**ingの構文だけ。ここでは，to visitをvisitingにするか，to visitの前にwhileを補う。解答はいずれにしても①。

答9 彼女は床を掃除機で掃除して，窓ガラスをきれいにするのをすべて自分でやった。☞名詞

⇒③ the glasses → the glass

▶ glassは，ガラス製品であるコップや鏡などを意味する場合は可算名詞だが，ガラスそのものを意味する場合は不可算名詞として使う。vacuumは名詞では「真空」という意味で，動詞では「電気掃除機で掃除をする」という意味。all by herselfのallはby herself（独りで）を強調する副詞としての用法。

答10 私の見える範囲では，その部屋には椅子がたった1つあるだけで，あとは何の家具もなかった。 ☞接続詞

⇒⑤ NO ERROR

▶① as far as **S V**（**S**が**V**する限り）は範囲・程度・距離を表す。また，日本語で「限り」と訳すas long as **S V**は条件・期間を表すので区別すること。③ onlyは数詞の前に来る。

Date： 月 日

5 慶應義塾大(商)〈改〉

難易度	★★★	目標得点	7／9点
制限時間	8分	得点	／9点

問：次の 1 ～ 9 の英文の下線部に誤りがある場合にはその下線部の番号を，誤りがない場合は⑤を選べ。

□ 1 A : Let's ①discuss about super-computers.

B : Well, that subject is ②far beyond ③my comprehension.

⑤NO ERROR

□ 2 A : This shirt ①costed ②no less than 20,000 yen at a department store in New York.

B : How ③could you afford such an expensive one?

⑤NO ERROR

□ 3 A : ①The number of cars has been ②on the increase in Japan.

B : Well, ③the same thing ④can be said of my country.

⑤NO ERROR

□ 4 A : We ①were disappointed that you didn't come to see us last night.

B : I ②would have come if the weather ③had been fine. The heavy rain discouraged me ④to go out.

⑤NO ERROR

□ 5 A : I don't mind ①his joining us.

B : ②Either ③do I.

⑤NO ERROR

答1 A：スーパーコンピュータについて論じ合おう。
B：そんな話題，オレには全然わからないよ。 ☞動詞
⇒① discuss about → discuss
▶自動詞と間違えやすい他動詞は入試に頻出。discuss「～について議論する」の他にも，approach，resemble，opposeなどがある。他動詞なので，① aboutは不要。② far beyondのfarはbeyondを強める副詞。beyond ～ は「～を越えている」という意味の前置詞。

答2 A：このシャツはニューヨークのデパートで20,000円もしたんだ。
B：どうしてそんなに高い物を買う余裕があったの。 ☞動詞
⇒① costed → cost
▶ costの変化はcost-cost-cost。不規則動詞で形が変わらないものは，意外と入試に出題される。② no less than ～ はas much[many] as ～ と同じ意味。③のaffordは不定詞と共に使われることが多いが，このように名詞を目的語にして，「～を買う経済的余裕がある」という意味でも使われる。

答3 A：日本では車の数が増え続けている。
B：うん，同じことが私の国でもいえるよ。 ☞前置詞・名詞
⇒⑤ NO ERROR
▶①のthe number of ～（～の数）は単数扱いで，「～」には可算名詞が入る。② on the increaseは「増加中で」。④ of ～ は「～について」という意味で，①②③④はいずれも正しい用法。

答4 A：私たちは，昨夜あなたが私たちに会いに来なかったことにがっかりしました。
B：天気が良かったら，来たんだけどねえ。雨脚が強くて，出かける気にならなかったのよ。 ☞動詞
⇒④ to go → from going
▶ discourageが「人にVするのを思いとどまらせる」という意味で使われる場合には，preventやstopと同様，discourage **O** from Vingの構文を取る。be disappointed that ..... では，that節はdisappointedの原因を表している。②③は典型的な仮定法過去完了「もし……だったら，……だっただろう」。

答5 A：私は彼が私たちに加わっても構いません。
B：私もです。 ☞否定
⇒② Either → Neither
▶前文が否定文で「～も同様だ」という場合，Neither 助動詞［be動詞］**S**となる。助動詞の部分は前の文で使っている動詞が一般動詞ならdo，be動詞ならbe動詞，canやmustなどの助動詞を伴っているならその助動詞を，それぞれ時制，人称に一致させて使う。また，**S** 助動詞［be動詞］not, eitherでも表せる。つまり，Neither do I.＝I don't, either. となる。

□ **6** A : I ①was surprised that he ②opposed to your suggestion.

B : ③So was I.

⑤NO ERROR

□ **7** A : What did the professor ①lecture on?

B : She ②is speaking about our need to ③spend more time on resource development.

⑤NO ERROR

□ **8** A : ①Will you be sure to let me ②know of your experience ③to teach young people in Southeast Asia?

B : Yes, of course. I ④will write to you as soon as I can.

⑤NO ERROR

□ **9** A : Have you ever thought of ①making a fortune ②by illegal means?

B : Never. I ③would rather die ④than living in dishonor.

⑤NO ERROR

答6 A：私は彼があなたの提案に反対したことに驚いた。
B：私もです。 ☞動詞

⇒② opposed to → opposed

▶ oppose「～に反対する」は，discussやapproachなどと並んで入試によく出題される，代表的な間違えやすい他動詞。前置詞は不要。① thatは感情を表す言葉の後で，その感情の原因を表す。③ So was Iは前文の肯定を受けて「～もそうだ」という言い方。So 助動詞［be動詞］**S**で表現する。前文が否定の場合は，Neither 助動詞［be動詞］**S**となるので，しっかり区別して覚えること。

答7 A：その教授は何について講義したのですか。
B：彼女は，私たちがもっと資源開発に時間を費やすべきだということについて語っていたんだよ。 ☞時制

⇒② is speaking → was speaking

▶ Aの「教授が何を講義したのか」という質問に対するBの応答だから，時制の一致で過去時制で答える。①のlectureは動詞でも名詞でも，その内容を表すには前置詞onを使う。③のspend 時間 on[for] ～ で「～に時間を費やす」。ここではonを使っているが，forを使う例もよく見られる。

答8 A：東南アジアで若者たちに教えていた経験を必ず私に教えてもらえませんか。
B：ええ，もちろん。できるだけ早くあなたに手紙を書きます。 ☞名詞

⇒③ to teach → of[in] teaching

▶ experienceはto **V**を続けることはできない。ofを使うと「経験した（して得た）事柄」になり，inを使うと「体験」そのものになる。①のbe sure to **V**は「確実に**V**する」という意味で，疑問文にすると，「必ず**V**してくれますか」と念を押す感じになる。② know of ～ は「～について知る」，④のwrite to ～ は「～に手紙を書く」という意味で，いずれも正しい表現。

答9 A：違法なやり方で一財産築こうと思ったことはありますか。
B：いいえ。不名誉に生きるくらいなら死んだ方がいい。 ☞助動詞

⇒④ living → live

▶③ would rather V_1 than V_2 の構文ではV_1もV_2も動詞の原形を使う。ratherを使った構文にはV_1 rather than V_2もあるが，この場合はV_2に動名詞を使うこともできる。また動詞以外でA rather than Bという場合には，AとBには文法上，等しい要素を入れることが必要。①のfortuneは意外にも可算名詞で，make a fortuneで「一財産作る」。by ... means は「…の手段で」。

Date： 月 日

6 早稲田大(理工)

難易度	★★★	目標得点	4／8点
制限時間	5分	得点	／8点

問：次の 1 ～ 8 の下線部①～④について，誤った箇所をそれぞれ 1 つずつ選べ。

□ 1 A fiber-optic cable ①across the Pacific ②went into service ③in April 1989, ④link the United States and Japan.

□ 2 ①Among the world's 44 ②richest countries, ③there has been ④not war since 1945.

□ 3 A ①largely percentage ②of Japanese export business ③is ④with the United States.

□ 4 ①No longer ②is scientific discovery a ③matter of one person ④alone working.

□ 5 The surface of ①the tongue ②covered with ③tiny taste ④buds.

答1 太平洋を横断する光ファイバーケーブルが，1989年4月，サービスを開始し，アメリカと日本をつないだ。 ☞分詞構文

⇒④ link → linking[to link]

▶この文では接続詞がないのに，went into ～, link と2つの動詞が連なっているので，④を linking にして，分詞構文を作る。②の go into service は「営業を開始する」という意味。service は，日本語の「サービス」と異なるので注意すること。

答2 世界で豊かな国の上位44カ国では，1945年以来戦争は起きていない。 ☞否定

⇒④ not → no

▶there を用いて「～がない」という表現は，There is no ～ 。not war を no war にする。has been になっているのは継続の意味で，「状態が続いている」ということ。among ～ は「～の間で」という意味。②は最上級の後に複数名詞が来ることもあるので正しい。

答3 日本の輸出産業の大きな割合は，アメリカとの間によるものである。 ☞形容詞

⇒① largely → large

▶percentage は名詞なので，それを修飾するのは副詞ではなく形容詞。また，number, quantity などと同様，大小を large，small で表せる。percentage of ～ が主語になる場合，「～」が可算なら複数で，不可算なら単数で受ける。ここでは，business なので③は is で正しい。

答4 科学の発見は，もはや1人の人物が単独で取り組む問題ではなくなった。 ☞否定・副詞

⇒④ alone working → working alone

▶①の no longer ..... は「もはや・・・・・ない」という否定の副詞句。これが文頭に前置されているので，主語と be 動詞の間で倒置が起こっている。alone は「～だけ」という意味で修飾語として働く場合，修飾する語の直後に置くので，one person alone working だと，「1人だけが・・・・・」となって意味をなさない。working の後に置いて，「1人で働く」とする。

答5 舌の表面は小さな味蕾(みらい)で覆われている。 ☞受動態

⇒② covered → is covered

▶ the surface of the tongue（舌の表面）と tiny taste buds（小さな味蕾）では後者が前者を覆っているので，the surface が主語なら cover を受動態にする。the tongue の the は体の器官の総称としての the。

e.g. the throbbing of the heart「心臓の鼓動」，the bridge of the nose「鼻柱」

□ **6** ①<u>Dislike</u> the gorilla, the ②<u>male</u> adult chimpanzee weighs ③<u>under</u> 100 ④<u>kilograms</u>.

□ **7** Japan ①<u>has</u> an older population ②<u>as</u> most ③<u>other</u> major industrial ④<u>countries</u>.

□ **8** The ①<u>change</u> from day ②<u>to</u> night ③<u>results</u> the rotation of ④<u>the Earth</u>.

答6　ゴリラと違って，大人の雄のチンパンジーの体重は 100kg を下回る。　☞前置詞

⇒① Dislike → Unlike

▶① dislike は動詞 like の反意語で，意味的にも文法的にも不適切。unlike は前置詞・形容詞 like の反意語で「〜と異なって」の意味。③ under 〜 は less than 〜 と同じ意味。weigh は，ここでは自動詞で **S V C** の構文を作るので，weigh の後にそのまま重さが来ても構わない。

e.g. I weigh 50 kilograms. = I am 50 kilograms in weight.「私の体重は 50kg だ」。

答7　日本は他のほとんどの主要工業国に比べて，人口が老齢化している。　☞比較

⇒② as → than

▶③ older は比較級なので，② as ではなく than で対応する。④ countries は複数形で構わない。

e.g. He is more diligent than most other boys in his class.「彼はクラスの他のほとんどの男子よりも勤勉だ。」

答8　昼から夜への変化は，地球の自転による結果である。　☞動詞

⇒③ results → results from

▶result from 〜 で「〜から（結果として）生じる」となる。同じ動詞の result でも，前置詞に in を使うと「（結果として）〜を生じる」と逆の意味になるので注意が必要。④の earth は，地球を天体の 1 つとして捉える場合には，(the) Earth と大文字にするのが普通。

Date： 月 日

7 早稲田大(法)

難易度 ★★★	目標得点 5／6点
制限時間 5分	得点 ／6点

問：次の英文 1 ～ 6 にはそれぞれ文法上，語法上の誤りがある。誤りがある部分を 1 つ選べ。

□ 1 ①She sat by the fire ②drinking a cup of coffee ③during the children ④watched a program about elephants ⑤on the television.

□ 2 ①Angeline opened the closet ②and began sort out ③the things she wanted ④to take with her ⑤on her vacation.

□ 3 ①I haven't started ②to write the play yet, ③so I don't really know ④what sort of play ⑤it turns out to be.

□ 4 ①Trying to be as quiet as he could, ②he crept round ③to the house's back ④where a strip of light ⑤shone from a window.

□ 5 ①Despite of the pain ②he suffered at first, ③William managed to get ④a lot of work done ⑤before his mother returned.

□ 6 ①When it came dark ②Joe had second thoughts ③about his plan ④to climb the tree ⑤in the middle of the night.

答1 子供たちがテレビで象に関する番組を見ている間，彼女は暖炉のそばでコーヒーを飲みながら座っていた。 ☞接続詞

⇒③ during → while

▶duringは前置詞なので後に（S＋V）の形は続かない。続くのは名詞句のみ。同じ意味の接続詞whileなら後に（S＋V）が続き正しい文になる。① the fireは，燃えている火のこと。ここでは「暖炉」の意味。② drinkingは「～しながら」という意味の分詞構文。⑤ on the televisionのtheはあってもなくても構わない。

答2 アンジェリーヌは戸棚を開けて，休暇に持って行きたい物を分類し始めた。 ☞動詞

⇒② sort out → to sort out [sorting out]

▶sort outは「選び出す」という動詞だから，beginの後に続けるには不定詞か動名詞にする必要がある。the things she wanted to take with herは，the thingsの後に関係代名詞which[that] が省略されている。on one's vacationは「休暇で」という意味。

答3 私はいまだに脚本を書き始めていない。だからどんな種類の話になるかは，あまりわかっていない。 ☞時制

⇒⑤ turns out → will turn out

▶what以下は名詞節だから，未来のことは未来形で書く。start to **V**は「**V**し始める」。really not ..... は「本当に・・・・・ない」，not really ..... は「あまり・・・・・ない」。④ sortはkind（種類）の意味。turn out to be **C**は「**C**ということになる，**C**であることがわかる」。

答4 彼はできるだけ静かにしようと，腹這いになって，窓から一筋の光が漏れる家の後ろへまわった。 ☞その他

⇒③ the house's back → the back of the house

▶'sを語尾に付けて所有格を作るのは生物だけで，無生物の所有格は，時間（today's paper），距離（ten miles' distance）や擬人化されたものなど，特別の場合を除いて，of ～で表す。したがって，「家の裏手」というときには所有格はof the houseとofを使わなければならない。文の先頭のtryingは分詞構文。腹這いになった理由を述べている。

答5 最初に受けた痛みにもかかわらず，ウィリアムは母親が戻る前にどうにかして大量の仕事を終えた。 ☞前置詞

⇒① Despite of → Despite[In spite of]

▶despiteをofと共に使うのは古い用法で，現在では使われていない。ofなしで使うか，in spite ofにすれば正しい文になる。get ～ V_{pp}は「～にしてもらう」の意味もあるが，ここでは単に完了「してしまう」の意味で，他の人から「してもらう」意味はない。

答6 暗くなって，ジョーは真夜中に木に登るという計画を考え直した。 ☞動詞

⇒① came dark → got dark [became dark]

▶comeが「…になる」という意味で**S V C**の構文を作る場合には，**C**に来る形容詞はtrue，loose，接頭辞un- の付くものなどに限られていて，通常はgetかbecomeを用いる。ただし永続性のあるものをいう場合にはbecomeを使う。② have second thought(s) は「考え直す」という意味。on second thought(s)（考え直して）と副詞句を作ることもできる。

Date： 月 日

8 津田塾大(英文)

難易度	★★★	目標得点	5／6点
制限時間	5分	得点	／6点

問：次の1～6の文には，そのままで正しい文と，1語補うと正しくなる文がある。正しい文には○を，1語補うと正しくなる文には，補うべき語を書け。

□1 A group of scientists walked into the jungle because they were not informed the danger they would encounter later on.

□2 Midori, who was endowed special musical talent, kept on playing the violin even after two strings broke in the middle of her performance.

□3 Sooner or later, Andrea's efforts will have an effect preserving the kangaroo population in her home country.

□4 Susan doesn't enjoy discussing politics with her father because they always get too serious and end up fighting.

□5 While I was searching my lost tennis shoes at the lost and found, I found a sweater which resembled the one I had lost.

□6 Without knowing what they were doing, Nancy and Bob happened to enter a haunted house.

答1 科学者の一団は，ジャングルの中に歩いて入っていった。なぜなら彼らは，これから自分たちが遭遇するであろう危険を知らされていなかったからだ。　☞動詞・前置詞

⇒(informed) of

▶inform A of Bで「AにBを知らせる」という意味になるので，受動態で「〜を知らされている」のときにはbe informed of 〜 としなければならない。なお，知らせることをthat節で表現する場合には，このofは能動態でも受動態でも不要になり，inform A that **S V**という形を取る。このofは，remind A of Bやwarn A of Bのofと同じ意味・用法である。

答2 ミドリは，音楽の特別な才能に恵まれており，演奏の途中で弦が２本切れた後でもバイオリンを弾き続けた。　☞動詞・前置詞

⇒(endowed) with

▶endowは，endow A with Bの構文で「AにB（才能など）を授ける」という意味になる。Midoriはtalentを授かっているのだから，受動態にしてMidori was endowed with ... talentという形でなければならない。このwithは，supply A with Bやpresent A with Bのwithと同じ意味・用法である。

答3 遅かれ早かれ，アンドレアの努力は彼女の祖国のカンガルーの頭数の維持に影響を与えるだろう。　☞前置詞・動詞

⇒(effect) on

▶have an effect on 〜 で「〜に影響を与える」という意味。an effect of social conditions on works of art（社会情勢が芸術作品に与える影響）というように，影響を与える相手の前にはonを使うことを覚えておく。このeffectはinfluenceと置き換え可能。

答4 いつも真剣になり過ぎて，しまいには喧嘩が始まってしまうので，スーザンは父親と政治の話をするのが楽しくない。　☞動詞・動名詞

⇒○

▶enjoyは他動詞なので，そのままdiscussingを続けることができる。ただしto **V**は不可。discussも他動詞なので，前置詞を用いずにそのままpoliticsを続けることができる。end upは**Ving**を続ける場合，end up by **Ving**のようにbyを用いることもあるが，前置詞を使わずにend up **Ving**のようにすることも可能。end upは他にも，end up with 〜（〜で終わる）やend up in 〜（最後には〜に入ることになる）といった使い方もあるので要注意。

答5 私は，遺失物取扱所で，なくしたテニスシューズを探していた間に，以前なくしたのと似たセーターを見つけた。　☞動詞

⇒(searching) for

▶「探す」という意味のsearchは，他動詞として使う場合，目的語には探す場所が来る。search the houseは「家を捜索する」。探す目的物を示すにはforが必要。問題文中のthe lost and found (office)は「遺失物取扱所」。resembleは，discuss, approachなどと並んで頻出の，自動詞と間違えやすい他動詞で，そのまま前置詞なしで目的語を取ることができる。

答6 自分たちが何をしているのかわからないで，ナンシーとボブはたまたま幽霊屋敷に入ってしまった。☞動詞

⇒○

▶without **Ving**は「**V**しないで」，happen to **V**は「たまたま**V**する」という意味。enter 〜は「〜に入る」という場合には他動詞として使うので前置詞を付けてはいけない。ただし，事業・交渉・調査などを始める，あるいはそれらに加わる，または問題に立ち入るといった場合には，enter into business[negotiation, details] などと前置詞intoを伴うので注意しておこう。

Date： 月 日

9 上智大(外・法)

難易度	★★★	目標得点	4／5点
制限時間	5分	得点	／5点

問：次の 1 ～ 5 の中に英語の間違いを含む下線部を①～④から 1 つ選べ。

□ 1 In the spring of 1940 opinion polls indicated, as ①they were for some time, that ②two thirds of the American public believed it was more important to ③keep out of the war than to aid Britain; by September ④less than half of the American public held this view; and by January 1941 seventy percent agreed to aid Britain at the risk of war.

□ 2 During those last ①few years inflation had been accelerating at an alarming rate in most of the countries of the western block, ②become for the first time ③by far their most pressing problem. That is not to say, of course, that for particular periods in particular countries inflation had not ④previously posed a serious threat to national stability.

□ 3 ①Marriage in Japan is the building block of society, the brass ring, the pot of gold at the end of the rainbow, beyond ②which most young women rarely think. The Japanese are ③the most marrying people in the world: ④only four percent is still single in their late forties.

□ 4 A few minutes before his brainstorm, or ①whatever was, took place, ②George was having a quarrel with his wife. It was eleven o'clock ③on a rainy March evening. ④They had been visiting his mother.

□ 5 In a certain reign there was ①a lady not of the first rank whom the emperor ②loved more than any of others. The grand ladies ③with high ambitions thought her a presumptuous upstart, and lesser ladies ④were still more resentful. Everything she did offended someone.

答1 1940年の春の世論調査では，それまでのしばらくの間もそうだったが，アメリカ国民の3分の2はイギリスを援助することよりも，戦争に立ち入らないことの方が重要であると考えていることがわかった。9月までに，こうした考え方をするアメリカ人は半数以下になっていた。1941年の1月までには，70%の国民が，戦争の危険を冒してでもイギリスを援助することに同意していた。 ☞代動詞・時制

⇒① were → had done

▶文の内容は，1940年春の世論調査は，それまでの世論調査とあまり変わらなかったが，その後変化が見られたということ。そうすると，①でtheyが指すものはopinion pollsで「それまでの世論調査が示しているのと同じように」という意味だとわかる。その場合，動詞はindicateでなくてはならない。しかも時制は1940年という過去のある時点までの一定の期間だから過去完了が適切。

答2 その最近の数年間で，西洋のほとんどの国では，インフレーションが驚くべき速さで加速し，初めて圧倒的に緊急の問題となった。もちろん，インフレーションがそれ以前に特定の国々で特定の期間，国家の安定性に深刻な脅威をもたらしたことがなかったということではない。 ☞動詞

⇒② become → and became[which became, to become, becoming]

▶文の前半部はinflationが主語になっているが，それに対する動詞がhad been acceleratingとbecomeの2つある。その動詞のいずれかについて接続詞・関係詞を付けるか，準動詞にする必要がある。①を変えた場合，②も変える必要が出てくるので，1カ所だけ変えるとしたら②を変えるしかない。その場合，接続詞を加えてもよいし，関係詞の非制限用法でもよい。また，結果を表す不定詞や分詞構文も考えられるだろう。

答3 日本での結婚は社会の構築物であり，真鍮(しんちゅう)の輪［成功のチャンス］であり，虹の端にある金の壺で，ほとんどの若い女性はそれ以上のことをめったに考えたりしない。日本人は世界で最も結婚をする民族である。40代後半で，いまだに独身なのは4%にすぎない。

⇒④ is → are ☞一致

▶percentを単数で受けるか複数で受けるかは，その内容による。percentの後にof ～ を入れてみて，その「～」が複数形であれば複数で受け，可算名詞の単数形か不可算名詞であれば単数で受ける。この文章の場合，four percent of the Japaneseであり，the Japaneseは複数で受けるので，ここも複数と考え，isではなくareとなる。

答4 ひらめきか何かそのようなものが起こる数分前に，ジョージは妻と口論していた。3月のある雨が降る晩の夜11時のことだった。彼らはジョージの母親の家を訪ねていた。

⇒① whatever was → whatever ☞関係詞

▶同列のものを並べた後で「それが何であれ」という場合，or whateverと使う。後に省略してあると考えられるのはit[that] may be。his brainstormの直後にあって「ひらめき，あるいはそれが何であろうとも」という意味であり，wasでは意味をなさない。

答5 ある治世に，最高の身分ではないが，皇帝が他の誰よりも愛する女性がいた。大きな野心を抱く高貴な女性たちは，彼女を無遠慮な成り上がり者と見なし，身分の低い女性たちはもっと腹を立てていた。彼女のすることはすべて誰かの気にさわっていた。 ☞比較

⇒② any of others → any other lady[anyone else]

▶比較級で最上級の意味を表す場合は，比較級than any other単数名詞が原則である。この文にあるようにany of othersとはしない。この文の内容に合わせて考えると，anyone elseかany other ladyとなる。なお，このような構文は，口語では時としてotherが落ちることがあるが，英作文をするときにはotherを入れておく方がよいだろう。

Date： 月 日

10 中央大（法）

難易度	★★★	目標得点	4／5点
制限時間	4分	得点	／5点

問：次の1～5のそれぞれの下線部①～⑤において誤っているものを1つ選べ。

□1 ①How pretty, ②to my eyes, did the cups and the bright teapot ③looked, ④placed on the little round table that sat ⑤next to the fire!

□2 ①Far too often we are ②boring by those around ③us. Unfortunately, we can never be sure that those same ④acquaintances do not also find us ⑤tiresome.

□3 Although he is the ①poorest of the two basketball players, ②his height and weight are ③a great advantage when he ④wants to dominate the ball ⑤in rough games.

□4 Most people ①trying to win ②others to their way of thinking ③does too much talking ④themselves. It is better to let the other people ⑤talk themselves out.

□5 Some people have placed their faith ①in technology, ②supposing the world can simply invent ③it's way out of this current state of ④affairs. And there's no ⑤denying the contribution that technology can make.

本シリーズの特長

1 中学レベルから最難関大学レベルまで，
自分に合ったレベルからスタートして段階的に実力アップ!

2 実際の入試で出題された良質な英文を厳選。
改訂にともない，最新の傾向に合ったテーマの英文を新規収録!

3 すべての問題文(英文)に音声&2種類の動画付き!
リーディング力とリスニング力を同時に強化!

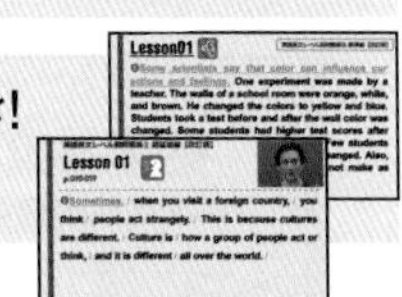

志望校と本シリーズのレベル対照表

難易度	偏差値	志望校レベル 国公立大	志望校レベル 私立大	英検	本シリーズのレベル(目安)
難	～67	東京大，京都大	国際基督教大，慶應義塾大，早稲田大	準1級	
	66～63	一橋大, 東京外国語大, 筑波大, 名古屋大, 大阪大, 北海道大, 東北大, 神戸大, 東京都立大, 大阪公立大	上智大, 明治大, 青山学院大, 立教大, 中央大, 同志社大	準1級	⑥最上級編
	62～60	お茶の水女子大, 横浜国立大, 九州大, 名古屋市立大, 千葉大, 京都府立大, 奈良女子大, 金沢大, 信州大, 広島大, 都留文科大	東京理科大, 法政大, 学習院大, 武蔵大, 中京大, 立命館大, 関西大, 成蹊大	2級	⑤上級編
	59～57	茨城大, 埼玉大, 岡山大, 熊本大, 新潟大, 富山大, 静岡大, 滋賀大, 高崎経済大, 長野大, 山形大, 岐阜大, 三重大, 和歌山大	津田塾大, 関西学院大, 獨協大, 國學院大, 成城大, 南山大, 京都女子大, 駒澤大, 専修大, 東洋大, 日本女子大	2級	④中級編
	56～55	【共通テスト】, 宇都宮大, 広島市立大, 山口大, 徳島大, 愛媛大, 高知大, 長崎大, 福井大, 大分大, 鹿児島大, 福島大, 宮城大	玉川大, 東海大, 文教大, 立正大, 西南学院大, 近畿大, 東京女子大, 日本大, 龍谷大, 甲南大	準2級	
	54～51	弘前大, 秋田大, 琉球大, 長崎県立大, 名桜大, 青森公立大, 石川県立大, 秋田県立大	亜細亜大, 大妻女子大, 大正大, 国士舘大, 東京経済大, 名城大, 福岡大, 杏林大, 白鴎大, 京都産業大, 創価大, 帝京大, 城西大	準2級	③標準編
	50～	北見工業大, 室蘭工業大, 釧路公立大, 公立はこだて未来大, 水産大	大東文化大, 追手門学院大, 関東学院大, 桃山学院大, 九州産業大, 拓殖大, 摂南大, 沖縄国際大, 札幌大	準2級	②初級編
	－	難関公立高校(高1・2生)	難関私立高校(高1・2生)	3級	①超基礎編
易	－	一般公立高校(中学基礎～高校入門)	一般私立高校(中学基礎～高校入門)	3級	

お問い合わせ
株式会社ナガセ 出版事業部(東進ブックス)
〒180-0003 東京都武蔵野市吉祥寺南町1-29-2
TEL：0422-70-7456 ／ FAX：0422-70-7457

答1 暖炉の隣にある，小さな丸いテーブルの上に置かれたカップと明るい色のティーポットは，私の目には，なんと美しく映ったことだろう！ ☞特殊構文

⇒③ looked → look

▶感嘆文だが，Howの後にdidが来ている倒置文なので，動詞lookが過去形ではなく原形でなくてはならない。主語が長いのでそれにまどわされないようにすること。to my eye(s) は「私の目には」という意味だが，in my eyesと同様，「私の考え（観点）では」という意味もある。④ placedは主語を修飾する過去分詞。⑤ next to 〜 は「〜の隣に」。

答2 とてもしばしば私たちは周囲の人間たちに退屈させられる。あいにく，私たちはそうした同じ知人たちも私たちのことを退屈だと思っていないとは，確信することができない。

⇒② boring → bored ☞動詞

▶boreは「退屈させる」という意味の他動詞。we are boringだと「私たちが他の人を退屈させる」ことになる。しかし後にby those around usとあり，退屈するのは私たちなので，受動態にしなければならない。boreの用法はannoyと同じ。文の最後のtiresomeは，形容詞boring（退屈な）と同じ意味。文の後半で否定が続くので，文意を取り違えないように注意する。

答3 その２人のバスケットの選手を比べたら，彼は下手な方だけれど，荒れた試合でボールを制したいときには，彼の身長と体重は大変強みになる。 ☞比較

⇒① poorest → poorer

▶２者の間で比べる場合はof the twoという形であっても比較級を使うのでthe poorer of the two basketball playersとなる。最上級を使う場合もあるが，informalな表現と見なされるので避けた方がよい。③ a great advantageになっているのは，his height and weightを１つの概念でまとめているため。

cf. The Japanese are an industrious people.「日本人は勤勉な国民である。」

答4 他人を自分の考え方に従わせようとする人の多くは，自分自身で話しすぎる。他人に自らの考え方をすべて話させる方がよいだろう。 ☞一致

⇒③ does → do

▶trying ..... thinkingはMost peopleを修飾していると考えると，この文の主語はMost peopleで複数形だから，動詞はdoesではなくdoでなくてはならない。winは普通は「獲得する」という意味だが，目的語の後にto 〜 が来て，「**O**を〜に従わせる」という意味になる。talk oneself outは「自分の言いたいことを話し尽くす」という意味。

答5 世界が，現在の問題を抱えている状態を抜け出す方法を簡単に発明できると考えて，科学技術に信頼を置く人々もいる。そして科学技術がなしうる貢献を，否定することはできない。 ☞代名詞

⇒③ it's → its

▶受験生の盲点としてよく出題されるところだがitの所有格はit'sではなくits。信仰の対象を表す前置詞はin。e.g. belief in 〜， trust in 〜 など。supposingは分詞構文。There is no **V**ingはIt is impossible to **V**と同じ意味。最後のmakeの目的語は関係詞thatの先行詞contributionである。

Date： 月 日

11 明治大(政経)

難易度	★★★	目標得点	3／4点
制限時間	3分	得点	／4点

問：次の1～4の英文の下線部①～④のうち，間違っているものを1つ選べ。

□ 1 I strongly recommend this book ①to ②anyone who is ③interesting in ④what is going on in the White House.

□ 2 The book was ①so long that ②I wondered that I would ③be able to ④get through all of it.

□ 3 ①When you buy paper ②product such as cups and coffee filters ③you should try to ④make sure they are unbleached.

□ 4 At that time ①almost one tenth of California's ②population ③was consisted of Chinese ④immigrants who came to work on the railroads.

答1 ホワイトハウスで何が起こっているかに興味がある人には誰にでも，私はこの本を強く薦める。 ☞形容詞

⇒③ interesting → interested

▶ interestは「興味を持たせる」という動詞で，interestingは「面白い」を表す形容詞。「興味のある，興味を持っている」はinterestedにしなければならない。肯定文の② anyoneは「誰でも」という意味になる。④ what is going onで「起こっていること」。

答2 その本はとても長かったので，私は全部読み終えることができるかしらと思った。

⇒② that → if[whether] ☞動詞・接続詞

▶ wonderはthat節が続くと，「……に驚く，……を不思議に思う」という意味になり，文意が通らない。wonder＋疑問詞節［if節］で「……だろうかと思う」となる。ここでは文意上，thatではなくif[whether]になる。④ get through ～ には「～を終える」という意味があるので，ここでは「読み通す」という意味になる。

答3 あなたがカップやコーヒーフィルターなどの紙製品を買うときは，それらが漂白されていないことを確かめるようにすべきです。 ☞名詞

⇒② product → products

▶ productは可算名詞。カップやコーヒーフィルターなどの紙製品だから，paper productsと複数形にしなければならない。③ tryはto **V**を目的語に取ることができる。④ make sureはthat節を続けて「……であることを確かめる」という意味（thatはほとんど省略される）。

答4 当時，カリフォルニアの人口のほぼ10分の1は鉄道で働きに来た中国系移民から成り立っていた。 ☞動詞

⇒③ was consisted → consisted

▶日本語では受け身でも，英語では能動態になるため注意すべき語句のうちの1つ。consist of ～ で「～から構成されている」。同じように間違いやすい語句にtake place（行われる）がある。① almostは数字を修飾して，nearlyと同じ意味で「ほぼ～」。ここでは，「人口の10分の1近く」となる。

Date： 月 日

12 名古屋大(前期)

難易度 ★★★	目標得点 4／5点
制限時間 4分	得点 ／5点

問：次の 1 ～ 5 の文中の誤った 1 語を，正しい 1 語で置き換えよ。

□ 1 It has been so a long time since I saw him that I'm not sure I can recognize him.

□ 2 They kept on good condition by eating right and not smoking.

□ 3 Everybody knows that coffee has smaller calories than ice cream does.

□ 4 Tom will have to work very hard to have ends meet.

□ 5 He apologized for scraping my car and offered to get one repaired.

答1 彼にはずいぶん長い間会っていないので，彼のことがわかるかどうか自信がない。
⇒so → such ☞副詞・接続詞
▶「大変〜なので……」は，so 〜 that ..... またはsuch 〜 that ..... で表す。後ろに名詞を置く場合は，such (a[an]) 形容詞 名詞 that ..... の形が基本。soを使うと，so 形容詞 a[an] 名詞 that ..... となる。冠詞の位置が違う点に注意。

答2 彼らは正しい食事をし煙草を吸わないことによって良好な健康状態を保った。
⇒on → in ☞動詞・前置詞
▶keep on（〜を続ける）の後ろにはVingまたはwith 〜 を置くので，keep on＋good conditionという形は誤り。そこでkeep＋on good conditionと考えると，keep **C**（**C**のままである）の形だとわかる。第２文型だからkeepをbe動詞で置き換えて考えると，They are in good condition（彼らは良い［健康］状態である）が正しい形なので，onをinに変える必要がある。

答3 コーヒーのカロリーがアイスクリームより少ないことは誰でも知っている。 ☞形容詞
⇒smaller → fewer[less, lower]
▶複数形になっていることからわかる通り，calorieは可算名詞扱いなので，「少ないカロリー」はfew caloriesという。ここでは比較級なのでfewerとするのが正しい。なお，もともとはlittleの比較級であるlessも，しばしば可算名詞の前で使われる。また，「より低いカロリー」と考えてlowerを使ってもよい。

答4 収支を合わせるために，トムは懸命に働かねばならないだろう。 ☞熟語
⇒（２番目の）have → make
▶「収支を合わせる，赤字を出さずにやっていく」は，make (both) ends meetという。帳簿上で，収入と支出の２つの先を合わせることから来た言い方で，make 〜 原形不定詞の形である。慣用表現なので，makeをhaveで置き換えることはできない。

答5 彼は私の車をこすってしまったことをわび，それを修理してもらうと申し出た。☞代名詞
⇒one → it
▶oneは，a[an] 名詞 を受ける代名詞。ここでは，彼がこすってしまった車，つまりmy carを指すので，itで受けるのが正しい。get 〜 $\mathbf{V_{pp}}$は「〜を**V**させる，〜を**V**してもらう」の意味で，getの代わりにhaveを使ってもよい。

Date： 月 日

13 東京大(前期)

難易度	★★★	目標得点	4／5点
制限時間	5分	得点	／5点

問：次の1～5には，文法上取り除かなければならない語が1語ずつある。その語を答えよ。

□1 In one of the earliest attempts at solar heating, energy from the sun was absorbed by and large metal sheets covered by double plates of glass.

□2 The death of plants beside the roads led environmentalists to investigate further and to discover just how widespread the problem caused by the use of salt to prevent from ice on roads really is.

□3 Some of the greatest advances in science have come about because some clever person saw a connection between a subject that was already understood, and another noticed still mysterious subject.

□4 In the early years of the 21st century the trend toward the unisex look had reached so advanced from a state that it was almost impossible to distinguish males and females unless they were completely unclothed.

□5 Librarians have meaningful disagreements with one another about the problem of how to classify books, but the criteria by themselves which arguments are won or lost will not include the “truth” or “correctness” of one classification system relative to another.

答1 太陽熱暖房への最も初期の試みの１つにおいて，太陽からのエネルギーは二重のガラス板に覆われた大きな金属シートによって吸収された。 ☞受動態

⇒and

▶by and largeを「全般的に（in general）」の意味の副詞句と考えた場合，省略しても文が成り立たなければならない。しかし，これを省略すると前のwas absorbedと後ろのmetal sheetsとがつながらない。したがって，ここではandを削除して，was absorbed by large metal sheets（大きな金属シートによって吸収された）という形にするのが正しい。

答2 道路わきの植物が枯れることから環境論者たちはさらに調査を行い，凍結を防ぐために道路上に使われた塩によって生じる問題が実際にどれほど広い範囲に及んでいるかを発見した。 ☞動詞

⇒from

▶preventは「～を防ぐ，～を妨げる」という意味の他動詞なので，prevent from ～ という形では使えない。fromを削除すれば，prevent ice on roadsが「道路上の氷［道路の凍結］を防ぐ」という正しい意味になる。

答3 科学の最も偉大な進歩の中には，ある聡明な人が，すでに広く理解されているあるテーマと，いまだに不可解な別のテーマとの間の関係を理解することによって生まれたものもある。

⇒noticed ☞前置詞

▶another＝another clever personと考えた場合，betweenの働きが説明できない。betweenの後には必ずA and Bまたは複数の意味を表す名詞・代名詞を置かねばならないので，between a subjectだけでは意味をなさない。そこでnoticedを削除すると，between a subject ... and another ... subjectとなり，２つのsubject（主題，テーマ）を並列した正しい形になる。

答4 21世紀初頭には，男女を区別しない装いの流行は，丸裸にならない限り男女を区別することがほとんど不可能なほどの進んだ段階に到達していた。 ☞動詞・副詞・接続詞

⇒from

▶reachは「～に到達する」という意味の他動詞だから，目的語が必要。しかし，reached so advanced from a stateだと，stateがreachedの目的語にならない。そこでfromを削除すると，reached so advanced a state that ..... となり，so ～ that .....（非常に～なので……，……するほど～）の構文であることがわかる。これはreached such an advanced state that .....と書き換えることもできる。いずれの場合も語順に注意。

答5 本をどのように分類すべきかという問題について，司書たちの意見はお互いに意義深い衝突をするが，議論の勝ち負けを決する基準には，ある分類体系の別の分類体系に関連する「正しさ」や「正確さ」は含まれないだろう。 ☞関係詞

⇒themselves

▶whichの後ろのarguments are won or lostは完全な文の形になっているので，whichは主格や目的格の関係代名詞ではない。また，直前のthemselvesはwhichの先行詞にはなれないので，その前のcriteria（基準）を先行詞と考えると，themselvesを削除することによってthe criteria by which arguments are won or lost（それによって議論が勝ったり負けたりする基準）という正しい形になる。

Special Column vol.2

発信型の英語を身に付けよう！

大学受験，TOEIC・TOEFL・英検など，入試や資格試験に向けて学習する英語は，受容型の英語学習といえるでしょう。もちろん，情報を正確に受けることは非常に重要なので，「読んで理解する」「聞いて理解する」力は，身に付けておかなければいけない大切な力です。

しかし，今後さらに英語の学習を続ける皆さんにお願いしたいのは，受容型だけでなく発信型の英語にも同じくらい「時間」と「努力」を投資してほしいということです。日本人は昔から，自国の意見や文化を外部に発表し，説明することが非常に苦手な民族だといわれています。

確かに日本の街には英語があふれているし，日本人はアメリカの都市，芸能人，政治家の名前をたくさん知っています。一方，ニューヨークの通りで「日本の首相の名前は？」と聞いて答えられる人はまずいないでしょう。また，われわれは大変な国際援助や国連に対する資金的貢献をしているにもかかわらず，ほとんど世界で認知されていません。このようなことを，世界に向けてしっかりと発言できる発信型の英語をマスターすることが，21世紀の日本の国家的課題といえるでしょう。

皆さんが海外旅行をするときには，一人一人が民間の外交官のようなものです。話すこと，書くこともさらに学習を進めて，自分の意見を他文化の人々にはっきりと伝えられるようにしたいものですね。沈黙や，おとなしいことを美徳とする日本特有の考え方は，国際社会では通用しません。厚かましい，出しゃばりなどと思われることを恐れず，思いきって外国の人々に語りかける力を身に付けることが重要です。

LV6

Lesson 03

整序問題

Lesson 03 整序問題

🔊 LV6 Lesson03

整序問題も正誤問題と同じく英文を書く力を間接的に試そうとする問題だ。一度に多くの受験生を試すため，実際の作文やエッセイライティングを課す代わりに，このような形式でライティング力を測るのが目的である。よって，やはりたくさん英作文をすることが一番の対策であることは間違いない。普段の学習でも，比較的長い英文を，その文法構造をしっかり理解したうえで暗記しておくとよい。

整序問題を解く場合には，最初の空所から順に並べようとしてもできないことが多い。そのため，まずは選択肢にざっと目を通そう。そうすると，例えば不定詞を作る「to」と「原形動詞」や，make a reservation（＝予約を取る）といったコロケーションのように，いくつかの選択肢をグループにすることができる。これとこれはくっつきそうだな，という選択肢を先に探していくと，かなり考えやすくなるはずだ。

くっつく選択肢同士をグループにしたら，使用した選択肢を消去していこう。次は，先ほど作った選択肢のグループを見て，前後にくっつきそうなグループがないかを探そう。後ろからでも中間からでもかまわないので，こうして少しずつ英文を作っていくようにすると，一見して解けないように思える整序問題でも解きやすくなる。以上を踏まえて，いくつかの問題を見てみよう。

1 前置詞句がポイントとなる問題

問　知識は人に学ばなくても，本を読まなくても，インターネットですぐに入手できる。（2語不要）

We can easily obtain knowledge on the Internet ＿＿＿ ＿＿＿ ＿＿＿ learn ＿＿＿ ＿＿＿ ＿＿＿ ＿＿＿ ＿＿＿ .

① books　② without　③ to　④ and
⑤ from　⑥ or　⑦ others　⑧ having
⑨ read　⑩ have

〔東北大〕

WeからInternetまでが文として成り立っていることから，その後ろには前置詞句や副詞句が続くだろうと想像できる。日本語を参考にしつつ,「人に学ぶ」はlearn from others,「本を読む」はread booksとそれぞれグループを作ることができる。また，残る選択肢にwithoutとhaving，toがあることから，without having to **V** (**V**しなくても）の形を使うのだと判断できる。withoutは前置詞なので，原形のhaveはつながらないことに注意する。よってここまでで，without having to learn from othersとなった。あとは残る２つの接続詞andとorのどちらかを使ってlearn from othersとread booksを並べたい。without A and Bは「AとBの両方ともがなくても」，without A or Bは「AがなくてもBがなくても」といった意味合いになる。よって与えられた日本語訳に合うのはorである。

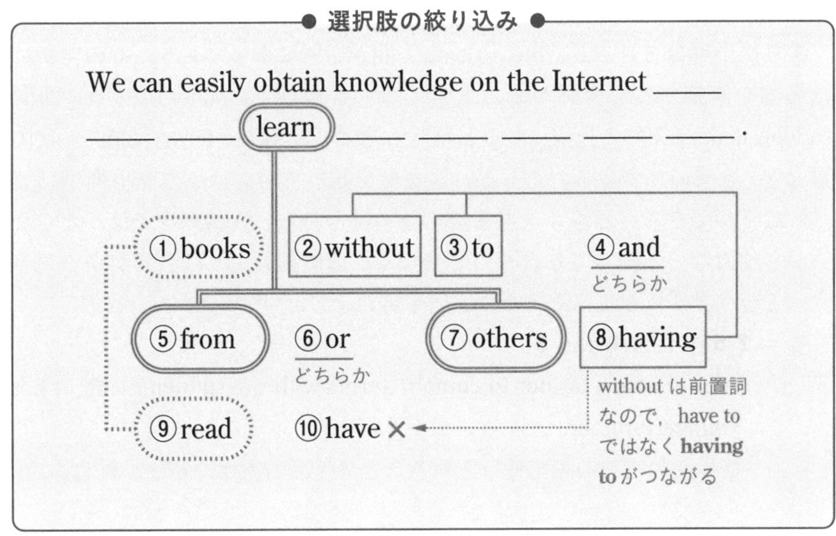

選択肢の絞り込み
We can easily obtain knowledge on the Internet _____ _____ _____ learn _____ _____ _____ _____ _____.
①books
②without
③to
④and
どちらか
⑤from
⑥or
どちらか
⑦others
⑧having
⑨read
⑩have ×
withoutは前置詞なので，have toではなくhaving toがつながる

答⇒ 2-8-3-learn-5-7-6-9-1　不要＝ 4, 10

(We can easily obtain knowledge on the Internet without having to learn from others or read books.)

2 形式主語構文がポイントとなる問題

問 It is still hard for _____ _____ _____ to _____ _____ the _____ death of her younger brother.

① come ② her ③ sudden ④ terms
⑤ to ⑥ with

〔東京医科大（医）〕

一目見て**It is ... for 人 to V**（**〈人〉にとってVするのは…だ**）という構文が使われた文だと見抜けるかがポイント。この形に気がつけば，forの後には代名詞sheの目的格herが来るとわかる。また選択肢の中にtoと原形動詞comeがあることから，for her to comeのようにつながるだろうと目星を付けておく。

次に後半部分を見ると，theとdeathの間が空所になっており，この空所には名詞を修飾する形容詞が来ると考えるのが自然だ。suddenを入れてthe sudden death（突然の死）とすると意味も通る。come to terms with ～（〈困難など〉を諦めて受け入れる）という表現を知っていれば，残りも簡単に並べることができるだろう。表現を知らない場合でも，入試本番では，知らないから仕方ないと諦めてしまうのではなく，前置詞の後には名詞が来るだろう，というようになるべく答えに近づく努力をしたい。

答 ⇒ **2-5-1**-to-**4-6**-the-**3**

(It is still hard for her to come to terms with the sudden death of her younger brother.

訳：弟の突然の死を受け入れることは，今も彼女にとって難しい。)

3 無生物主語構文がポイントとなる問題

問 私は10年の家庭菜園の経験からトマト栽培のこつを学んだ。

Ten ＿＿ ＿＿ ＿＿ ＿＿ ＿＿ ＿＿ ＿＿ ＿＿ the secrets of growing tomatoes.

① experience ② has ③ home gardening ④ in
⑤ me ⑥ of ⑦ taught ⑧ years

〔関西学院大（全学部）〕

文頭のTenと日本語訳から,「10年の家庭菜園の経験」がこの文の主語となっていると考えられる。選択肢を見てみるとTen years of experience（10年の経験）というグループを作ることができる。これに「家庭菜園の」という意味をくっつけたい。選択肢の中にinがあり，experience in 〜 で「〜の経験」となるので，Ten years of experience in home gardeningのようにつなげることができる。残る選択肢のhas, me, taughtを見ると，hasと動詞teachの過去分詞taughtがあることから，現在完了形が使われていると考えられる。teach A B（AにBを教える）という動詞teachの用法を思い浮かべ，has taught me the secrets of growing tomatoesとつなげれば文が完成する。

このように英語では，人以外のものが主語になることも多い。日頃からたくさんの英文に触れることで，無生物主語構文にも慣れておこう。

答 ⇒ **8-6-1-4-3-2-7-5**

(Ten years of experience in home gardening has taught me the secrets of growing tomatoes.)

本書の中に出てきた英文は，日本語と英語の対比音声で聞くことができるので，これを暗唱することが最高の整序問題対策になるだろう。そのような音声学習を普段からしっかりしたうえで，志望校の過去問などの整序問題に取り組み，経験を積んでいくとよい。

Lesson 03 整序問題

Date： 月 日

1 立命館大（文・政策科）

難易度	★★★	目標得点	5／6点
制限時間	8分	得点	／6点

問：次の 1 ～ 6 を日本文と同じ意味になるよう（　）内の語を正しく並べ替えよ。

□ 1　彼は窓から飛び出す他に逃げようがなかった。

He had no（① escape　② jumping　③ means　④ other　⑤ out　⑥ of　⑦ than）of the window.

□ 2　10時前に空港に着くようにしなさい。

（① arrive　② make　③ that　④ at　⑤ airport　⑥ the　⑦ you　⑧ sure）before ten.

□ 3　彼のかかえている問題を考えると，彼はレースに勝てそうにない。

Considering the problems he's had,（① be　② can　③ winning　④ expectation　⑤ his　⑥ little　⑦ there　⑧ of）the race.

□ 4　とても珍しいコートなので，それを見つけるのはわけないと思います。

It is a very unusual coat, so I（① don't　② have　③ suppose　④ will　⑤ finding　⑥ you　⑦ any　⑧ trouble）it.

□ 5　その少年は親切にも私を駅まで連れて行ってくれた。

（① boy　② it　③ the　④ kind　⑤ was　⑥ take　⑦ to　⑧ of）me to the station.

□ 6　政府は麻薬の密売をなくそうと奮闘している。

The government（① is　② cut　③ try　④ working　⑤ down　⑥ hard　⑦ and　⑧ to）the drug traffic.

答1 He had no other means of escape than jumping out of the window.
⇒4-3-6-1-7-2-5［3-6-1-4-7-2-5］
▶「～する他ない」にはいろいろな表現があるが，meansとother thanに注目して，「～する以外の手段がなかった」と考える。had no other means than ～ と組み立て，「窓から飛び出す」をjumping out of the windowと続ける。さらに「逃げ出す手段」とするために，meansをof escapeで修飾すれば完成。otherはthanの直前に置いてもよい。

答2 Make sure that you arrive at the airport before ten.
⇒2-8-3-7-1-4-6-5
▶単に「到着しなさい」だとarrive at the airportとすればよいが，それではmakeが使えなくなる。make sure that ..... （**・・・・・するように手配する**）を先頭に使って命令文にするとうまくいく。make sure that ..... の構文はよく命令形で使われる。

答3 Considering the problems he's had, there can be little expectation of his winning the race.
⇒7-2-1-6-4-8-5-3
▶thereを使うとすれば，there is ..... の構文しかない。「勝てそうにない」を「勝つ見込みがほとんどない」と考えて主語をlittle expectationにする。「彼がレースに勝つ見込み」は，「レースに勝つこと」がwinning the raceだから意味上の主語をhisで表してexpectation of his winning the raceとする。動詞部分は，助動詞canとbe動詞を用いる。

答4 It is a very unusual coat, so I don't suppose you will have any trouble finding it.
⇒1-3-6-4-2-7-8-5
▶「**V**するのはわけない」は，troubleがあることから「**V**するのに困難はない」と考える。have no trouble **V**ingを使うが，don'tがあるので，最初にI don't supposeと否定を置き，have any trouble **V**ingにする。have trouble **V**ingはtroubleの前に修飾語が付くことが多いので，それを考慮に入れておくのがコツ。

答5 It was kind of the boy to take me to the station.
⇒2-5-4-8-3-1-7-6
▶「親切にも**V**する」は，be kind enough to **V**やhave the kindness to **V**が考えられるが，itに注目してIt is kind of 人 to **V**を使う。形式主語を使う構文では，to **V**の意味上の主語をforで表すかofで表すかは，It isの後に来る形容詞で決まる。形容詞が人の性質を表す場合はofを使う。

答6 The government is working hard to try and cut down the drug traffic.
⇒1-4-6-8-3-7-2-5
▶動詞はis，cut，tryがあるが，主語が単数形governmentなのでis以外は不可。is workingとなる。「**V**しようとしている」は，try to **V**かtry and **V**だが，前者ではtryの前にandを使うことになり，そうすると主語とのつながりで，triesかtryingでなくてはならない。後者を使ってtry and cutとして，to不定詞でis working hardにつなげる。

Date： 月 日

2 立命館大(法)

難易度 ★★☆	目標得点 5／6点
制限時間 8分	得点 ／6点

問：次の１～６を日本文と同じ意味になるよう（　）内の語を正しく並べ替えよ。

□1 両面コピーの取り方を教えていただけるでしょうか。

Do you think（① could ② to ③ make ④ me ⑤ show ⑥ how ⑦ you）a double-sided copy?

□2 ご迷惑をおかけしていたなら申し訳ありません。

I am sorry for（① any ② caused ③ have ④ I ⑤ inconvenience ⑥ may ⑦ you）.

□3 その２つはよく似ているので，あなたのような経験のない人には区別できません。

It is impossible for an inexperienced person like you（① are ② apart ③ since ④ tell ⑤ them ⑥ to ⑦ they）so very much alike.

□4 車にはいつでもどこへでも行ける便利さがあります。

Cars give you（① freedom ② go ③ the ④ to ⑤ wherever ⑥ you）want whenever you want.

□5 当時，「野心」という言葉は政治家専用の言葉でした。

In those days “ambition” was（① that ② restricted ③ a ④ to ⑤ was ⑥ word）politicians.

□6 世界中の女性はさまざまな形の性的嫌がらせに悩んでいます。

Women all over the（① world ② harassment ③ in ④ many ⑤ sexual ⑥ suffer ⑦ from）different forms.

答1 Do you think you could show me how to make a double-sided copy?
⇒7-1-5-4-6-2-3
▶「～にVする方法を教える」はshow ～ how to **V**となる。「コピーを取る」はmake a copyだから，それをつなげると残りはyouとcouldだが，could youという語順にしないこと。Do you thinkが先頭になければ，Could you show me ..... ? だが，先頭にDo you thinkがあるので，thinkの目的語となるthat節を作る（ここではthatは省略）。

答2 I am sorry for any inconvenience I may have caused you.
⇒1-5-4-6-3-2-7
▶I am sorry forの後に来るのは謝る事柄。「迷惑」を相手にとっての「不都合」と考え，inconvenienceを続ける。「おかけしていたなら」は，接続詞がないので関係詞で「私がかけていたかもしれない迷惑」とする。causeは二重目的語を取るので，inconvenienceの後にI may have caused youをそのまま続けて関係詞は省略。

答3 It is impossible for an inexperienced person like you to tell them apart since they are so very much alike.
⇒6-4-5-2-3-7-1
▶「その２つ」にあたる部分は，theyとthemでうまく表現する。形式主語の文なのでto **V**を続け，to tell them apart（それらを区別する）となる。「その２つはよく似ているので」は理由を表す接続詞sinceを使う。alikeは形容詞で，muchで修飾できることにも注意。

答4 Cars give you the freedom to go wherever you want whenever you want.
⇒3-1-4-2-5-6
▶日本文の主語と英文の主語が異なる場合には，英文の直訳を考えるとよい。「車が人に与える」という部分から「自由を与える」と考え，その後にwherever you want（あなたが望むところならどこへでも）を続ける。freedomは「～する自由」というときにはto不定詞が続くことも重要。

答5 In those days “ambition” was a word that was restricted to politicians.
⇒3-6-1-5-2-4
▶restrict（制限する）は，be restricted to ～ で「(適用範囲が）～に制限される，限られている」という意味でよく使われる。ambitionの使われる範囲が政治家に限られていたと考え，残ったa wordを主語ambitionの補語にして関係代名詞節で修飾する。

答6 Women all over the world suffer from sexual harassment in many different forms.
⇒1-6-7-5-2-3-4
▶all over the world，sexual harassment，suffer fromのように，一見してまとまる言葉はまとめてしまうのが整序問題の鉄則。残りは自然に並んでしまうだろう。sexual harassmentは「セクハラ」の正しい言い方。カタカナ英語には日本語独特の省略や間違いが多いので注意。

Date： 月 日

3 立教大(文)

難易度	★★★	目標得点	4／5点
制限時間	7分	得点	／5点

問：次の 1 ～ 5 について，（　　）内の語を並べ替えて意味の通じる正しい文にせよ。

□ 1　She has（① half　② her　③ language　④ learning
⑤ life　⑥ spent　⑦ this）.

□ 2　I was（① busy　② notice　③ the　④ time　⑤ to
⑥ too　⑦ working）.

□ 3　She didn't（① a　② being　③ go　④ on　⑤ secretary
⑥ to　⑦ want）.

□ 4　I didn't（① early　② ever　③ get　④ getting　⑤ to
⑥ up　⑦ used）.

□ 5　I tried（① attending　② her　③ into　④ meeting　⑤ talk
⑥ the　⑦ to）.

答1 She has spent half her life learning this language.
彼女は半生をこの言語を学ぶのに費やした。
⇒6-1-2-5-4-7-3
▶日本文のない並べ替えの問題では動詞に着目すること。ここでは，spentが動詞。spend 時間 Ving（Vするのに時間を費やす）に合わせて，時間の部分にhalf her lifeを，Vingにlearningをあてはめると，this languageの位置はおのずと明らかになる。has + spentで現在完了形を作ると見抜けるかがポイント。

答2 I was too busy working to notice the time.
私は仕事に忙しくて，その時間に気がつかなかった。
⇒6-1-7-5-2-3-4
▶並べ替える語句にtoとtooがあるのに気づけば，構文too ... to Vを使うと見当はつくが，workingをどう使うかが問題。busy (in) Vingを思い出せるかどうかがカギとなる。後ろにVingを取るもう1つの形容詞，worthの用法をチェックしておきたい。

答3 She didn't want to go on being a secretary.
彼女は秘書を続けたくなかった。
⇒7-6-3-4-2-1-5
▶didn'tの後に来るのは動詞の原形だから，入るのはgoかwantだけ。goでは後が続かない。want to Vにgo on Ving（Vし続ける）を続けて，「秘書であることを続けたくなかった」とする。go on VingのVには，一般動詞だけでなく，このようにbe動詞を置くことも可能。

答4 I didn't ever get used to getting up early.
私は早起きに全然慣れなかった。
⇒2-3-7-5-4-6-1
▶didn'tの後に続くのは動詞の原形だからgetが来る。be used to Vingは「Vするのに慣れている」という状態を表すが，be動詞をgetにすると「慣れる」という動作を意味する。get used toの後は動名詞（名詞）が来ることに注意。everは助動詞と動詞の間に置かれて否定を強める。

答5 I tried to talk her into attending the meeting.
私は彼女にその会議に出席するように説得した。
⇒7-5-2-3-1-6-4
▶tryはVingもto Vも続けられるが，talkとintoに注目して，talk 人 into Ving（人を説得してVさせる）を使うために，to Vで続ける。talk 人 intoでは，intoの代わりにout ofを使えば，「説得して〜をやめさせる」という意味になる。あとはattend the meetingだが，attendは他動詞で前置詞は不要。

Date： 月 日

4 中央大(経済)

難易度	★★★	目標得点	4／5点
制限時間	7分	得点	／5点

問：次のそれぞれに日本文とほぼ同じ意味になるように（　　）内の語を並べ替えて正しい英文を作れ。

□1　そのバルコニーはとても小さくて，椅子１つ置くのがやっとだった。

The balcony was (① barely　② was　③ room　④ small　⑤ for　⑥ that　⑦ a　⑧ chair　⑨ so　⑩ there).

□2　どんなに痛ましい光景だったかは，まず想像できないでしょう。

You can (① sight　② was　③ a　④ how　⑤ it　⑥ hardly　⑦ painful　⑧ imagine).

□3　駅に着くと列車は出た直後でした。

I arrived (① only　② had　③ at　④ to　⑤ train　⑥ the　⑦ find　⑧ station　⑨ left　⑩ the　⑪ just　⑫ that).

□4　暗かったけれど，彼はどうにか出口を見つけることができた。

Dark as it was, (① way　② he　③ his　④ out　⑤ to　⑥ managed　⑦ find).

□5　私はそのバイオリニストの演奏を称賛せずにはいられなかった。

I (① that　② admiring　③ could　④ violinist　⑤ help　⑥ of　⑦ the　⑧ not　⑨ performance).

答1 The balcony was so small that there was barely room for a chair.
⇒9-4-6-10-2-1-3-5-7-8
▶「小さいので椅子1つしか置けなかった」を表すのに，soとthatを使うと判断する。that節の中では，barelyの使い方に注意。barelyはhardlyやscarcelyと異なり，「辛うじて」と肯定的な意味を持つ。roomは「余地，空間」の意味では不可算名詞となるので，冠詞はchairだけに付ける。

答2 You can hardly imagine how painful a sight it was.
⇒6-8-4-7-3-1-5-2
▶「まず想像できないでしょう」をhardlyを使った否定文にする。「どんなに痛ましい光景だったか」は，単純にhow painful a sight wasとするとitが余るし，a sightも不自然。it was a painful sightをhowで感嘆文にする。so[too, how]で，不定冠詞＋形容詞＋名詞を修飾する場合の公式にしたがって，形容詞だけを前に出し，how painful a sightとしてit wasと続ける。

答3 I arrived at the station only to find that the train had just left.
⇒3-6[10]-8-1-4-7-12-10[6]-5-2-11-9
▶大きなポイントとなるのは，結果を表す不定詞が使えるかどうか。only to **V**（結局**V**するだけだった）をarrived at the stationの後に続ける。結果を表すto **V**は，findとの相性が良く，only to findで使われることが多いのも覚えておくと便利。列車が出たのは気がついたのよりも前の出来事なので，had ＋ $\mathbf{V}_{pp}$の過去完了を使う。hadとleftの間にjustを置くことで「ちょうど」を強調している。

答4 Dark as it was, he managed to find his way out.
⇒2-6-5-7-3-1-4
▶「どうにか**V**する」はmanage to **V**で表す。日本文にある「出口」は，way outという名詞句で表現できる。このように整序問題では，直訳ではなく，他の語句で工夫して似たような意味を表現させる問題が頻出である。

答5 I could not help admiring the performance of that violinist.
⇒3-8-5-2-7-9-6-1-4
▶「**V**せずにいられない」は，cannot help **V**ingかcannot but **V**で表す。「そのバイオリニストの演奏」はthat performance of the violinistも考えられるが，その場合には日本文が「バイオリニストのその演奏」となりそうなので，解答に示した形にしておく方が無難。最近では，「**V**せずにはいられない」がcannot help but **V**で出題されることもあるので一緒に覚えておきたい。

Date： 月 日

5 関西学院大（経済）

難易度	★★★	目標得点	4／5点
制限時間	7分	得点	／5点

問：次の日本文１～５に相当するように（ ）内の語群を並べ替えて正しい英文を完成させよ。

□1 日本のビールがドイツのビールよりも約３倍高いとは驚きだ。

It is surprising that Japanese beer is（① times ② expensive ③ than ④ more ⑤ German beer ⑥ about ⑦ three）!

□2 自分で自由にアイスクリームを取って食べてもいいですか。

Would it be（① I ② if ③ to ④ ice cream ⑤ myself ⑥ some ⑦ all right ⑧ helped）?

□3 （店員が客に対して）お買い物のご予算はいかほどですか。

Would you mind（① what ② price ③ is ④ asking ⑤ my ⑥ range ⑦ your）, Sir?

□4 （客が店員に対して）それを贈答用に包装していただけますか。

Would it（① to ② gift-wrapped ③ it ④ be ⑤ possible ⑥ have）for me?

□5 なぜここでタバコを吸ってはいけないかご存じですか。

Do you know（① are ② why ③ smoking ④ from ⑤ prohibited ⑥ we）here?

答1 It is surprising that Japanese beer is about three times more expensive than German beer!

⇒6-7-1-4-2-3-5

▶倍数表現の基本形は，数字 times as ... as 〜 だが，それに相当するものがないので，数字 times 比較級 than 〜 を使う。aboutは数の前に用いて「およそ〜」。問題にはなっていないが，「驚きだ」はsurpriseの分詞surprisingになることも押さえておきたい。

答2 Would it be all right if I helped myself to some ice cream?

⇒7-2-1-8-5-3-6-4

▶help oneself to 〜 は「自由に〜を取る」という意味の頻出表現。「どうぞご自由に召し上がってください」などと相手に勧めるときにも，命令文でよく使われる。all rightはここでは「差し支えない」ぐらいの意味。人に許可を求めるときに仮定法を使うと丁寧な表現になる。主語のitはif節の内容を指している。

答3 Would you mind my asking what your price range is, Sir?

⇒5-4-1-7-2-6-3

▶Would you mindとあるので，Ving，所有格＋Ving，if I ..... の３パターンが考えられる。Vingは「**V**していただけますか」と問うもの，あとの２つは「**V**してもいいですか」と許可を得るための表現。askingがあるので，「聞いてもいいですか」と考える。price rangeは「値段の幅」。

答4 Would it be possible to have it gift-wrapped for me?

⇒4-5-1-6-3-2

▶語群から「**V**していただけますか」は「**V**してもらうことが可能か」という質問だと考えて，主語itが形式主語であることを見抜く。「〜を**V**してもらう」はhave **O** $\mathbf{V_{pp}}$を用いる。前２題と同様，wouldを使った丁寧な表現になっている。

答5 Do you know why we are prohibited from smoking here?

⇒2-6-1-5-4-3

▶Do you knowの後に続ける間接疑問文を作る。疑問詞は先頭に出し，後ろは疑問文ではなく，平叙文の語順にする。prohibit **O** from Vingで「**O**が**V**するのを禁止する」という意味だから，受動態にするとweを主語で使うことができる。

Date：　月　日

6 学習院大(経済)

✎難易度	★★★	◎目標得点	4／5点
⏱制限時間	7分	☑得点	／5点

問：次の 1 ～ 5 について，与えられたすべての語を使って英文を完成させなさい。

□1　Neither（① are　② cooking　③ us　④ good　⑤ very　⑥ of　⑦ at）.

□2　I（① have　② him　③ he　④ child　⑤ since　⑥ known　⑦ was　⑧ a）.

□3　I'd（① to　② him　③ his　④ I　⑤ had　⑥ write　⑦ address　⑧ if）.

□4　I（① the　② him　③ question　④ to　⑤ helped　⑥ solve）.

□5　I（① to　② be　③ you　④ o'clock　⑤ see　⑥ able　⑦ before　⑧ won't　⑨ five）.

答1 Neither of us are very good at cooking.
私たちは，どちらもあまり料理がうまくない。
⇒6-3-1-5-4-7-2
▶動詞はareしかないのでこれを用いると，be good at ～（～が得意である）が考えられる。veryはgoodを修飾する副詞として使う。neitherを主語としてneither of ～ で使った場合は，単数扱いが原則だが，口語では複数で扱われることもある。ここでは複数扱いになっている。

答2 I have known him since he was a child.
私は，彼が子供のときから彼を知っている。
⇒1-6-2-5-3-7-8-4
▶動詞がhave，known，wasとあるが，sinceがあるので，現在完了の継続用法で文を作ることが考えられる。現在完了＋since 過去形の定型パターン。しかし，接続詞sinceには，「……以来ずっと」の他に，理由を表す「……なので」の意味もあるので判断は慎重にする。

答3 I'd write to him if I had his address.
私は彼の住所がわかっていれば，手紙を書くだろう。
⇒6-1-2-8-4-5-3-7
▶ I'dはI wouldの短縮形。助動詞の過去形があったらまず仮定法を疑おう。wouldの場合は，他に過去の習慣，過去の意志，時制の一致などが考えられる。ここでは，接続詞ifがあるので仮定法と考え，wouldの後は動詞の原形であることを考慮すると，仮定法過去にすれば意味が通じることがわかるだろう。

答4 I helped him to solve the question.
私は彼が問題を解くのを手伝った。
⇒5-2-4-6-1-3
▶動詞はhelpedとsolveで，help **O** (to) **V**で「**O**が**V**するのを助ける」という意味になるのでそれを使う。helpは，この問題では目的語の後ろがto **V**になっているが，知覚動詞や使役動詞のように目的語＋原形不定詞を取ること，また直接，原形不定詞を取って「**V**するのに役立つ」という構文を作ることができるので注意しておきたい。

答5 I won't be able to see you before five o'clock.
私は5時前にあなたに会えないだろう。
⇒8-2-6-1-5-3-7-9-4
▶ ableがあるのでbe able toはすぐに決まる。その後には動詞の原形が来るからseeが考えられる。主語のIに合わせてwon't be able to seeとすれば，あとはbeforeを前置詞として使えば完成する。beforeやafterのような語は，前置詞と接続詞の両方の役割を持っているので，整序問題の場合はどちらで使うかを慎重に考えたい。

Date：　月　日

7 立教大(経-経)

難易度	★★★	目標得点	4／5点
制限時間	7分	得点	／5点

問：次の 1 ～ 5 について，（　　）内の語を並べ替えて意味の通じる正しい文にせよ。

□ 1 The search party had（① idea ② little ③ looking ④ start ⑤ to ⑥ where）, because the climber's tracks had disappeared owing to a recent snow storm.

□ 2 She will do nothing at all if she can help it, and always（① expects ② her ③ on ④ others ⑤ to ⑥ wait）.

□ 3 There is sometimes a great difference between theory and practice. Theoretical knowledge is often（① can ② it ③ no ④ of ⑤ unless ⑥ use）be applied in a practical way.

□ 4 With a population of about one million, the city（① as ② big ③ is ④ more ⑤ than ⑥ twice）as any other in this district.

□ 5 He became very ill, and it was only（① after ② by ③ he ④ specialists ⑤ that ⑥ treatment）made a full recovery.

答1 The search party had little idea where to start looking, because the climber's tracks had disappeared owing to a recent snow storm.
捜索隊はどこから探すべきか見当がつかなかった。なぜなら，その登山者の足跡は，最近起きた吹雪のせいで消えてしまっていたからだ。
⇒2-1-6-5-4-3
▶ポイントとなるのは，have no idea（見当がつかない）と疑問詞＋to **V**。ここでは，have no ideaのnoの代わりにlittleを使う。have no ideaは，後ろに疑問詞の他にofやthat節を続けることもできる。where to startを続け，残ったlookingをstartの目的語と考えて「どこから探し始めるか」という意味にする。

答2 She will do nothing at all if she can help it, and always expects others to wait on her.
彼女はできる限り何もしないで，いつも周りの人が身の回りの世話をしてくれることを期待している。
⇒1-4-5-6-3-2
▶最初に動詞が来るのはすぐにわかるが，expectsの３単現のsに注目して，これを最初に置く。expect **O** to **V**（**O**が**V**することを期待する）を使い，waitを続け，wait on 人で「人の身の回りの世話をする」という熟語を作る。othersは「他の人」という意味で，日本語で単に「人」という場合にはothersで表せることが多い。

答3 There is sometimes a great difference between theory and practice. Theoretical knowledge is often of no use unless it can be applied in a practical way.
理論と実際との間には，時に大きな違いがあることがある。理論上の知識は，しばしばそれが実践的な方法に適用されなければ役に立たないのだ。
⇒4-3-6-5-2-1
▶動詞がisだから，それに続く語句となるとof no use（役に立たない）が考えられる。接続詞unlessがあるので，その後に主語と動詞が続くと考える。it canとすると文が成り立つ。unless ..... は「もし……ないならば」の意味で，否定の要素が加わることに注意。

答4 With a population of about one million, the city is more than twice as big as any other in this district.
その都市は人口が約100万人で，この地域の他のどの都市に比べても２倍以上大きい。
⇒3-4-5-6-1-2
▶このWithは「～があって」という意味。並べ替える語句とその後のas以下の部分を考えると，数字 times as ... as ～ という倍数表現を使うことがわかる。twice as big as any other (city) と並べた後は，more thanをtwiceの前に置けば「２倍以上」という意味になる。

答5 He became very ill, and it was only after treatment by specialists that he made a full recovery.
彼は重い病気にかかった。そして専門家による治療を受けた後で，彼はようやく完全に回復した。
⇒1-6-2-4-5-3
▶並べ替える最後の部分でhe made a full recoveryとなるとわかれば，it ..... that **S V**の強調構文が成り立っていることが見抜ける。only ..... は「ようやく」という意味を持つ。afterはbeforeと同じく，接続詞と前置詞の両方の役割を持つので注意。

Date： 月 日

8 慶應義塾大(商)

難易度	★★★	目標得点	3／4点
制限時間	8分	得点	／4点

問：次の 1 ～ 4 の英文について，(a) ～ (f) の［ ］内の語を正しい英文になるように並べ替え，（ ア ），（ イ ）に入る語の番号を答えよ。ただし，(a) ～ (c) の空所①には適当な 1 語を補って考えること。また，文頭に用いる語も小文字で表記してある。

□1 I'll see you on Monday. In the meantime, if you need me, here's my telephone number. In case of emergency, (a) (　　) (　　) (ア) (　　) (イ) (　　).

(a) [① (　　) ② don't ③ me ④ waking ⑤ up ⑥ worry].

□2 A : He said he was going to write a book about television, the different ways it's affected our lives.

B : (b) (　　) (　　) (ア) (　　) (　　) (イ). I watched TV all the time when I was a kid; now I just rent movies once in a while. Was he going to include the way VCRs have changed things?

A : I would think so. (c) (　　) (　　) (　　) (ア) (イ). We only spoke a minute or two.

(b) [① (　　) ② a ③ good ④ like ⑤ sounds ⑥ subject].

(c) [① (　　) ② details ③ didn't ④ go ⑤ he].

答1 月曜日に会おう。それまでに，私が必要になったら，これが電話番号ね。緊急の場合には，気にせず起こしてね。

⇒(a) ア＝①，イ＝③　don't worry **about** waking me up.

▶(a) emergencyは「緊急」。その前で電話番号を教えているので，語群から考えて「私を起こすことを心配しないで」となる。worry about[over] ～（～を心配する），wake me up（私を起こす）を使い，否定の命令文を作る。

答2 A：彼はテレビについての本を書くつもりだと言っていました。テレビが私たちの生活に影響を与えている違った側面を。

B：いい話題ですね。私は，子供の頃，いつもテレビを見ていました。今では，時々，レンタルで映画を借りるくらいですけど。彼はビデオカセットレコーダーが物事に与えた影響も扱うつもりでしたか。

A：たぶんそうだと思います。彼は詳しくは言いませんでしたけど。たった1，2分話しただけでしたから。

⇒(b) ア＝④，イ＝⑥　**It**[**That**] sounds like a good subject.

(c) ア＝①，イ＝②　He didn't go **into** details.

▶(b) 動詞がsoundsであることを見抜けば，主語がないことがわかる。soundはlook, seemと同様，likeと相性が良く，sound like ～ で「～のように聞こえる」。主語はItでもThatでも可。

▶(c) detailsの使い方を聞いている。動詞がgoなので，go into details（詳細にわたる）を使う。cf.　in detail「詳細に」。

□3 A : I've thought of starting a small design business of my own.

B : If (d) (　　　) (　　　), (　ア　) (　　　) (　イ　) (　　　) because you can't help being a success. Also, you'll work harder than you ever did.

(d) [① do　② it　③ small　④ stay　⑤ won't　⑥ you]

□4 A : I suppose nothing ever stays the same.

B : We're (e) (　　　) (　　　) (　　　) (　　　) (　ア　) (　イ　), and I want you to know I never did. Oh, it's nice to dream sometimes, to long for the impossible and want everything good to last, but one thing (f) (　　　) (　　　) (　ア　) (　　　) (　　　) (　　　) (　イ　).

(e) [① expect　② foolish　③ to　④ if　⑤ it　⑥ we],

(f) [① a　② be　③ is　④ I've　⑤ learned　⑥ realist　⑦ to].

答3 A：私は，自分自身で小さい設計の仕事を始めるつもりです。
B：もしそうするなら，いつまでもその仕事が小さいままということはないでしょう。だってあなたは成功するしかないんだから。それに，今までよりも一生懸命仕事しなくてはね。

⇒(d) ア＝②，イ＝④　you do, it won't stay small

▶ (d) 与えられた語句の中で，If節と主節を作る。主語はitとyou，動詞はstayとdoだから，それらを組み合わせると，you・doとit・stay small（小規模のままである）となる。ifはここでは副詞節なので，その中では未来形を使わないということがポイント。

答4 A：私はずっと同じものはないと思う。
B：私たちがもし何も変わらないことを期待するなら，バカげているし，私がそんな期待をしたことがないこともわかってもらいたい。何かを夢見たり，不可能なことを切望することはすてきなことだし，いいことはすべてずっと続いてほしいけど，私が学んだことの１つは現実主義者になることだ。

⇒(e) ア＝⑤，イ＝③　foolish if we expect it to,
(f) ア＝③，イ＝⑥　I've learned is to be a realist.

▶ (e) be動詞があり，後に続くものはfoolishのみ。その後に「もし……ならば」と続けるが，toを前の文のstay the sameの代わりをする代不定詞として，expect **O** to **V**のto **V**の部分に使う。

▶ (f) one thingとあるので，それに対する述語部分が必要。I've learnedとbe a realistというかたまりが考えられるので，主語をone thingとした場合には動詞はisが適切。to be a realistという不定詞句が補語になる。I've learnedは，関係代名詞の省略を使ってone thingを修飾するように構文を作る。

Date： 月 日

9 東京大(前期)

難易度	★★★	目標得点	4／5点
制限時間	5分	得点	／5点

問：次の 1 ～ 5 が最も自然な英文になるためには，それぞれア～エの選択肢に他の英語 1 語を補って空所を埋める必要がある。補うべき単語および [c] と [e] に入るべき語句の記号を記せ。なお，[c] と [e] にはア～エに与えられている語句が入る。

□ 1 I can't get into my room. I was [a] [b] to [c] [d] [e] .

ア enough　イ lock
ウ out　エ stupid

□ 2 Let's not use any of these pictures for the poster. They [a] [b] [c] a lot [d] [e] he really is.

ア him　イ look
ウ older　エ than

□ 3 She is intelligent, but she just doesn't have [a] [b] [c] [d] [e] a good journalist.

ア be　イ takes
ウ to　エ what

□ 4 I'm terribly sorry for saying what I said yesterday. I shouldn't have [a] [b] get [c] [d] [e] me.

ア better　イ my emotions
ウ of　エ the

□ 5 We've been waiting for you for over an hour. How [a] [b] do you think [c] [d] [e] to spend on your homework?

ア longer　イ need
ウ will　エ you

答1 I can't get into my room. I was stupid enough to lock myself out.
私は部屋に入れない。愚かなことに自分を締め出してしまった。
c ⇒イ e ⇒ウ　補足＝myself　(エ-ア-to-イ-myself-ウ)
▶ enoughに着目して... enough to **V** (**V**するに足りるだけ…) の形を使い，I was stupid enough to lockと並べる。lock outは「(鍵をかけて) 締め出す」の意味なので,「自分を締め出す」と考えてmyselfを補う。outは副詞なので，代名詞の目的語 (myself) はoutの前に置く点に注意。この文は，ホテルでルームキーを部屋に置き忘れたままオートロックのドアを閉めてしまった，という状況を表している。

答2 Let's not use any of these pictures for the poster. They make him look a lot older than he really is.
これらの写真はどれもポスターに使わないようにしよう。彼が実際よりずっとふけて見えるように写っているので。
c ⇒イ e ⇒エ　補足＝make　(make-ア-イ-a lot-ウ-エ)
▶比較級に着目して，look a lot older than he really is (実際の彼よりもずっと年を取って見える) とつなげてみる。They＝these picturesと考えると，They make him look ..... (それら (の写真) は彼を・・・・・に見えるようにする) の形が見えてくる。make ～ **V**で「～に**V**させる」。a lotが比較級olderを強調している。

答3 She is intelligent, but she just doesn't have what it takes to be a good journalist.
彼女は聡明だが，ただ優れたジャーナリストになるために必要なものを持っていない。
c ⇒イ e ⇒ア　補足＝it　(エ-it-イ-ウ-ア)
▶ It takes ten minutes to walk there.などからの連想で，it takes ～ to be a good journalist (良いジャーナリストになることは～を必要とする) という形を考える。この「～」を関係代名詞whatに置き換えると，what it takes to be a good journalist (良いジャーナリストになるために必要なもの [才能]) という正しい形ができる。

答4 I'm terribly sorry for saying what I said yesterday. I shouldn't have let my emotions get the better of me.
昨日あんなことを言って本当にすまない。感情に任せたまま言うべきじゃなかった。
c ⇒エ e ⇒ウ　補足＝let　(let-イ-get-エ-ア-ウ)
▶ betterの使い方を考えて，get the better of ～ (～を負かす) という形を発見することがポイント。shouldn't haveに続く動詞が必要なので，ここにletを補い，let ～ **V** (～に**V**させる) の形を作る。

答5 We've been waiting for you for over an hour. How much longer do you think you will need to spend on your homework?
私たちは君を1時間以上待っている。宿題を終えるのにあとどのくらい時間をかける必要があると思っているのか。
c ⇒エ e ⇒イ　補足＝much　(much-ア-do you think-エ-ウ-イ)
▶一見して「疑問詞＋do you think」の形だとわかるので，Howで始まる3語から成る疑問詞を作ることを考える。例えば「あと少し」はa little longerであり，このa little (程度) を尋ねる疑問詞はhow muchである。そこで，muchを補ってHow much longerというひとまとまりの疑問詞を作る。

Date： 月 日

10 東京大(前期)

難易度	★★★	目標得点	3／4点
制限時間	4分	得点	／4点

問：次の１～４が最も自然な英文となるように（　）内の語句を並べ替え，その２番目と６番目に来るものの記号をその順に記せ。

□ 1　I cannot imagine how anyone（① can　② convince　③ easy　④ expect　⑤ Sue　⑥ to　⑦ to be）. She never listens to anyone.

□ 2　Look at the sign. It says, ‘At no（① be　② door　③ left　④ must　⑤ this　⑥ time　⑦ unlocked）.’ I wonder what's inside.

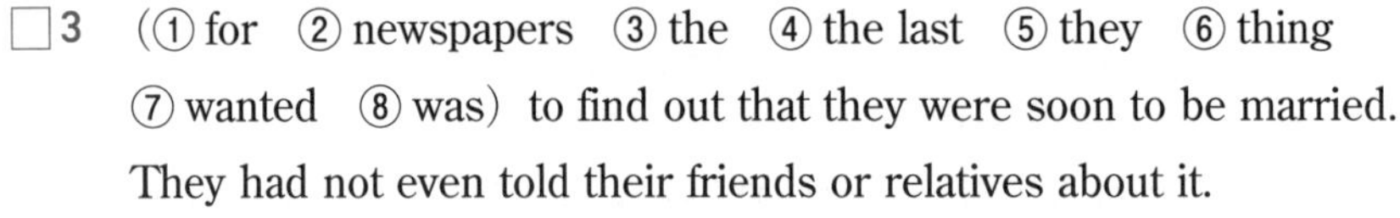

□ 3　（① for　② newspapers　③ the　④ the last　⑤ they　⑥ thing　⑦ wanted　⑧ was）to find out that they were soon to be married. They had not even told their friends or relatives about it.

□ 4　No one（① any　② as　③ behaves　④ has　⑤ he does　⑥ idea　⑦ John　⑧ why）. He is so unusual.

答1 I cannot imagine how anyone can expect Sue to be easy to convince. She never listens to anyone.
スーが説得しやすい人だなどとどうして思えるのか私には想像できない。彼女は誰の言うことにも決して耳を貸さない。
⇒1-**4**-5-7-3-**6**-2
▶２つの不定詞の処理の仕方がポイント。He is easy to deceive.（彼をだますことは簡単だ→彼はだまされやすい）などからの連想で，Sue is easy to convince.（スーは説得しやすい）という形を考える。これをexpect ～ to **V**（～が**V**すると予期する）の形に組み込めばよい。

答2 Look at the sign. It says, 'At no time must this door be left unlocked.' I wonder what's inside.
看板を見ろよ。「どんなときもこのドアの鍵を外したままにしてはならない」と書いてある。中に何があるんだろう。
⇒6-**4**-5-2-1-**3**-7
▶unlockedに着目して，leave this door unlocked（このドアに鍵をかけないままにしておく）という形を考える。「このドアは鍵をかけないままにしなければならない」は，受動態を使ってThis door must be left unlocked. と表せる。この文の前にat no time（どんなときも……ない）という副詞句を置くと，後ろが疑問文と同じ語順になり，must this door be left unlockedとなる。

答3 The last thing they wanted was for the newspapers to find out that they were soon to be married. They had not even told their friends or relatives about it.
彼らが最も望まなかったことは，自分たちが間もなく結婚する予定であることを新聞に知られることだった。彼らはそのことを友人や親類にも話してはいなかった。
⇒4-**6**-5-7-8-**1**-3-2
▶後ろの文から考えて，彼らは結婚の予定を秘密にしようとしたことがわかる。they wanted the newspapers to find outと並べると逆の意味になるので，the last（最も……しそうにない）を使って，the last thing they wanted（彼らが最も望まなかったこと）という形を作る。これを**S V C**の**S**として使い，**C**の位置には意味上の主語（for the newspapers）＋to **V**の形を置けば，意味の通じる文が完成する。

答4 No one has any idea why John behaves as he does. He is so unusual.
ジョンがなぜあんなふうに振る舞うのか誰にもわからない。彼はとても変な人だ。
⇒4-**1**-6-8-7-**3**-2-5
▶ideaに着目して，have no idea（全くわからない）という形を思い浮かべる。ここでは文頭にnoがあるので，have any ideaとする。この形の後ろには疑問詞を置くことができるので，why John behavesと並べ，残るas he doesを続ければ文が完成する。No oneは単数扱いなので，動詞はhasとなる。

Special Column vol.3

受験英語を越えて

大学受験や就職のための資格試験が終わると，それをピークにして英語の力が下がってしまう人が多いのは残念です。英語のような語学は，常に勉強し続けないと力が下がってしまう性質のものです。ですから，合格証書が届いた後も，せっかく身に付いた英語を忘れないように勉強を続けてくださいね。

とはいっても，大学生や社会人になるといろいろとやるべきことが多く，忙しくて英語の勉強は後回しになってしまいがちです。そこで私がお勧めしたいのが，メディアをフルに使った学習法です。今では動画配信サービスなどで，英語の字幕を出したり消したりしながら，映画やドラマを簡単に楽しむことができるようになりました。また，インターネットを使えば，CNN, BBC やさまざまな外国のウェブサイトや動画を楽しむことができます。

英語を「英語」として学習するのではなく，自分の興味のおもむくままに，趣味を楽しむための道具として捉えてみるのはどうでしょうか。英語を媒介にして自分の趣味の世界を広げているうちに，英語力も身に付いてくるのは間違いありません。私自身は映画や音楽が大好きですから，それらのものを英語で楽しむことによって，毎日楽しく英語の勉強を続けることができています。このように自分が一番楽しいと思えるものを中心に，自分自身を英語で取り囲んでみましょう。そうすればこのマルチメディアの時代ですから，自分の部屋に居ながらにして異文化体験をすることができるでしょう。

LV6

Lesson 04

その他

Lesson 04

その他

LV6 Lesson04

ここまで代表的な３つの問題形式を見てきたが，受験生の思考力を試すために，入試では大学ごとに独自の形式を使った問題が出題される。入試問題の形式は，日々変化をしていて，予告せずに志望校の問題形式が前年度の問題形式から変わることもありえる。そのため，さまざまな形式の問題を解いて，どのような形式で出題されても臨機応変に対応できる力を磨いておこう。ここでは実際の入試で出題された，空所補充や正誤や整序という形式には単純にあてはまらない，少し変わった問題を見ていきたい。

1 会話の流れを読み取る問題

問 A : What do you think about this new plan? You look a little less than enthusiastic.

B : (　　　) I think the change itself is good, but isn't it a little too costly?

A : I understand what you're saying. Let's see if we can figure out a way to make it less expensive.

① Allow me to congratulate you.
② Allow me to reintroduce myself.
③ Let me express my thanks.
④ Let me make myself clear.

〔明治大(国際日本)〕

２人の人物の会話の中の空所にあてはまるものを選ぶ問題だ。文法だけでなく，会話の流れをつかんで意味の通るものを選ぶ力が求められる。Aの「あなたは少し乗り気でないように見えますね。」に対するBの発言として適切なものがどれかを考えればよい。allow **O** to **V**とlet **O V**はどちらも「**O**が**V**するのを許す」という意味。Allow me to **V**.やLet me **V**.で「私が**V**するのを許してください。」つまり「私に**V**させてください。」となる。make oneself clearは「自分の考えをはっきりさせる，相手にわからせる」という意味の表現。よって④「(私の意見を) 明確にさせてください。」が入る。その後に，新しい計画に対する具体的な考えを述べていることからも流れが自然である。

①「あなたをお祝いさせてください。」，②「もう一度自己紹介をさせてください。」，③「感謝を述べさせてください。」はどれも会話の流れに沿わない。

答⇒④（訳：A：この新しい計画についてどう思いますか？　あなたは少し乗り気でないように見えますね。／B：明確にさせてください。変更自体は良いと思いますが，少し高すぎませんか？／A：あなたの言っていることは理解できます。もっと安くする方法を見つけられないか考えてみましょう。）

このように，単なる文法事項だけでなく，会話や文の流れの理解が求められる問題も実際の入試では数多く出題される。文法事項を学習する際には，それぞれの表現の意味だけを丸暗記するような学習ではなく，たくさんの例文に触れて，それらの表現が文の中でどのように使われるのかを理解していくことが大切だ。

2 パラフレーズ（英英の言い換え）問題

問　下線部の意味に最も近いものを，①～④の中から一つ選びなさい。

People in Japan remove their shoes and place them <u>neatly</u> at the entryway.

① ingeniously　　② intimately
③ spontaneously　　④ tidily

〔青山学院大（社会情報）〕

英単語を別の英単語で言い換える問題だ。下線部のneatlyと選択肢の語を見てみると，すべて形容詞＋-lyで副詞となっている語である。よって元の形容詞の意味がわかれば正解を選ぶことができるだろう。それぞれ元となる形容詞の意味は次の通り。neat（きちんとした），ingenious（巧妙な，器用な），intimate（親密な），spontaneous（自発的な），tidy（きちんとした）。このうち，neatlyの言い換えとしては④ tidely「きちんと」が適当。

答⇒④（訳：日本に住む人は，玄関で靴を脱いできちんと置く。）

入試本番では，仮に下線部の単語の意味を知らなかったとしても，諦めずに考えてみよう。問われている単語以外の文の内容を考えることで，その単語がどのような意味なのかをおおよそ推測することができる。また，選択肢の単語をすべて知らなかったとしても，正解でないとわかる選択肢があれば消去法で絞り込むこともできる。本番では，自分の持っている知識で正解をひねり出す力も大切だ。

とはいえ，日頃の勉強では，できるだけ多くの単語を覚えられるように取り組みたい。より多くの単語を覚えたり，パラフレーズ（英英の言い換え）に強くなったりするためにおすすめの方法を紹介しておこう。

1つ目は，英単語を覚える際に，**語源**や**接頭辞**，**接尾辞**といった要素を意識して，複数の単語をひもづけて覚えること。そうすると，単語をバラバラで覚えるよりも理解しやすく，一度に覚える数も増やすことができる。

● 語源・接頭辞・接尾辞の例 ●

①語源

pre + vent
前に　来る

→prevent　＝妨げる

②接頭辞・接尾辞

sub- + conscious + -ness
下　意識のある　名詞を作る

→subconsciousness　＝潜在意識

2つ目は，日頃から**英英辞典**を活用すること。英英辞典では，「conscious」→「noticing or realizing something」のように，単語の意味を別の英語で言い換えて説明している。

パラフレーズ（英英言い換え）問題には「1対1で単語を言い換える問題」もあれば，「1つの単語を複数の語句で言い換える問題」もある。英→英の言い換えに強くなっておけば，このような形式の問題にも対応しやすくなるだろう。

3 専門的な語彙が問われる問題

問 Choose the word from options a - d that best fills the blanks of both sentences.

(i) The cornea is a transparent _____ that covers the front of the eye.

(ii) Loud noise can damage the _____ in the ear.

a. arch　　b. foliage　　c. membrane　　d. sensor

〔早稲田大（基幹理工・創造理工・先進理工）〕

与えられた2文の空所に共通して入る語を選ぶ問題だ。理工学部というだけあって，非常に高度な理系の語彙が出題されている。すべての単語がわかっていれば正解を選ぶのは容易かもしれないが，実際には難しいだろう。

(i)のcornea（角膜）を知らなかったとしても，後半のcovers the front of the eye（目の前面を覆う）から角膜のことを指しているだろうと推測できる。(ii)には特別難しい単語はなく，「大きな音は耳の中の_____に損傷を与えうる。」から空所には鼓膜を表す語が入ると考えられる。続いて選択肢を見てみると，arch（アーチ），foliage（木の葉），membrane（膜），sensor（感知器，センサー）なので，cが正解。

なお，foliage（木の葉）とmembrane（膜）は英検1級レベルの単語であるから，通常は受験生が知らない可能性が高いが，理系の語彙に強くなっておいてほしいという出題者の意図が感じ取れる。

答⇒c（訳：(i) 角膜は目の前面を覆う透明な膜だ。
(ii) 大きな音は耳の中の膜に損傷を与えることがある。）

このように，学部に関連した分野の英文や語彙が出題されるパターンも多い。そのため，まずは自分の志望する学部学科の過去問を解き，どのような語彙を優先的に学習すべきかを把握するとよい。効率よく対策を進めることも志望校合格のためには必須といえるだろう。

Date： 月 日

1 慶應義塾大(商)

難易度	★★★	目標得点	4／5点
制限時間	4分	得点	／5点

問：次の英文１～５の空所に入る最も適当なものをａ～ｇから選べ。ただし同じものを２回以上使ってはいけない。

□1 Michael was fond of Vivien though not in love with her, and had known her long enough to be aware [1] .

□2 I visited Anne at least twice a week, usually on my way home. Just to call in and check that [2] as it should be.

□3 Jimmy had been utterly confident that there was really nothing difficult about skiing, that [3] and the rest would come easily. It was not turning out that way.

□4 Funny how [4] . Even when [5] , the fact that he has said it seems to be reassuring.

□5 Women keep their jewelry in the bedroom. I'm sure they think they do it so it's handy when [6] , but I think the real reason is that [7] surrounded by gold and diamonds. It makes them feel secure.

a. everything was
b. he never would be
c. one only needed enthusiasm
d. they sleep better
e. they're getting dressed
f. what a doctor has to say is bad news
g. people seem to find comfort in a medical man's words

答1 マイケルはヴィヴィアンのことを好きだったが，彼女に恋しているわけではないし，長い付き合いで，そうなることはないとわかっていた。 ☞熟語・時制

1 ⇒ b. he never would be

▶ be awareは，後ろにof，that節，疑問詞節が続く。ここでは，thatが省略されている。thoughの後ろのnot in love with herの部分には，主語のMichael[he]とbe動詞のwasが省略されている。そのbe not in love ..... を受けて，he never would beを選ぶ。

答2 私は，少なくとも週に2回は，たいてい帰宅途中にアンを訪ねた。万事うまくいっていることを確認するために，ちょっと立ち寄るだけだったけど。 ☞不定詞・接続詞

2 ⇒ a. everything was

▶このように主節がなく，副詞句だけで成り立っている文の場合，主節にあたる部分は直前の文全体であることがほとんどである。I visited ..... に対して，目的を表す不定詞になっている。as it should beは，as it is（あるがままに，そのままに）の変形で，check以下は「すべてのことがそうあるべきようになっていることを確かめるために」という意味。

答3 ジミーは，スキーは実際，何も難しくなく，必要なのは熱中することだけで，あとは簡単だと自信満々だった。しかし，そうはいかなかった。 ☞熟語

3 ⇒ c. one only needed enthusiasm

▶直前のthatは接続詞で，be confident（確信している）に続いている。there was really nothing ..... と内容が矛盾しないように選択肢から選ぶ。come easilyは「（技術などが人にとって）簡単である」の意味で，come naturallyともいう。turn out ..... で「・・・・・であることがわかる」，that wayは「そんな風に，そのように」という意味。

答4 おかしなことに，人々は，医者の言葉に慰めを見いだすようである。医者の言うことが，悪い知らせであっても，そのことを医者が言ったという事実が，安心を与えるようである。 ☞関係詞・名詞

4 ⇒ g. people seem to find comfort in a medical man's words

5 ⇒ f. what a doctor has to say is bad news

▶第1文はIt isが省略された形で，その際，howはthatとほとんど同じ意味で使うことができる。Funny how ..... で覚えていても構わない。第2文では直後にthe fact that he has said it ..... とあるので，それに対応する内容が入らないと意味は通じない。選択肢の中でa doctorとa medical manが同類の言葉だと気づくことも，解答の手がかりになる。

答5 女性は宝石を寝室に置いておく。私は，服を着るときに手元にあるように，そうするのだろうと思う。だが，金やダイヤモンドに囲まれているとよく眠れるからだというのが，本当の理由だと思う。そのことが女性を安心させるのだ。 ☞名詞

6 ⇒ e. they're getting dressed

7 ⇒ d. they sleep better

▶第2文では，「宝石がいつ手元にあってほしいのか」を考えると，「服を着るとき」という答えが適切。またその次では，surrounded以下が分詞構文になっていること，その後の文が「それが彼女たちを安心させるのだ」ということを合わせて考えれば，「宝石，貴金属に囲まれるとよく眠れる」が適切な文であるとわかる。

Date： 月 日

2 立教大(社会)

難易度 ★★★	目標得点 4／5点
制限時間 4分	得点 ／5点

問：次の1～5のそれぞれにおいて，AとBの空所を共通に補うことのできる同じつづりの1語をしるせ。

□1 A. The mother told the child to put [1] his toys.

B. I'm sorry Mr. Kent is [1] from his desk for the moment. Could you hold the line?

□2 A. They put a table and chairs out in the garden but it started to rain and all their efforts were in [2] .

B. She is one of those [2] people who can't pass a mirror without looking in it.

□3 A. The [3] of a storm is its calm, quiet center.

B. Would you keep your [3] on my suitcase while I buy my ticket?

□4 A. In some areas, modern intensive farming is giving [4] to the reintroduction of traditional methods.

B. If John doesn't get his own [4] , he immediately becomes very angry.

□5 A. David wants to [5] a second whisky.

B. The washing machine is out of [5] and we have no spare parts.

答1 A. 母親は子供におもちゃを片付けるように言った。

B. すみません。ケント氏はちょっと席を外しています。そのままお待ちください。

1 ⇒away ☞熟語・副詞

▶A.では「片付ける」という意味でput awayかput backとなる。B.では，文法的にはawayでもbackでも入るが，その後が「そのままお待ちください」となっていて，電話での会話であることを考慮すると，「今，机を離れている」という意味にするのが適切なので，awayを入れる。

答2 A. 彼らはテーブルと椅子を庭へ出したが，雨が降り始めて彼らの努力はすべて無駄に終わった。

B. 彼女は鏡をのぞきこまずに通り過ぎることのできない，うぬぼれの強い人間の１人だ。

2 ⇒vain ☞熟語・形容詞

▶A.だけでvainを思いつき，B.では確認という感じにしたい。A.では文意から「努力が無駄になった」で，in vainという熟語を使う。B.ではvainを「うぬぼれの強い」という意味の形容詞として使う。名詞のvanity（虚栄心）は，このvainを語源としている。

答3 A. 台風の目とは，台風の穏やかで静かな中心のことだ。

B. 私が切符を買っている間，私のスーツケースを見張っていてくれませんか。

3 ⇒eye ☞名詞・熟語

▶A.のcalm，quiet centerから「台風の目」という意味はわかる。思い切ってeyeを入れてみると，B.ではkeep an[one's] eye on ～ で「～を見張る」という意味になるのでうまくあてはまる。eyeを使った熟語はかなり多いが，いずれも「視界，視力，凝視」といった意味から成り立っていて覚えやすいものが多いので，しっかり頭に入れておこう。

答4 A. 近現代の集約的な農業に代わり，伝統的な手法が再び導入されている地域もある。

B. ジョンは思い通りにやれないと，すぐにひどく腹を立てる。 ☞熟語

4 ⇒way

▶A.は文意から「取って代わられる」という意味になることがわかる。候補はplaceとwayだが，B.の文に入れて意味が通じるのは，wayの方。get[have] one's (own) wayは「自分勝手に行動する」という意味で，go[take] one's (own) wayの「他にまどわされずに行動する」と意味が異なるので注意すること。

答5 A. デイビッドは２杯目のウィスキーを注文したがっている。

B. その洗濯機は故障しているが，私たちは予備の部品を持っていない。 ☞動詞・熟語

5 ⇒order

▶A.の文に入る語は候補が多すぎるので，B.から考えると，be out of orderで「故障している」という意味のorderが入る。それをwant toの後に入れると，動詞として「注文する」という意味となり文意が通じる。in order（整っている）↔out of order（乱れている）のorderは，「秩序」という意味で覚えておくと応用がきく。

Date： 月 日

3 慶應義塾大(商)

✎難易度 ★★★	◎目標得点 4／5点
◷制限時間 4分	☑得点 ／5点

問：次の英文 1 ～ 5 の空所に補うべき最も適当な 1 語を答えよ。

□1 A. I wish he would stop beating around the bush and just get to the [1] .

B. I know exactly what you mean!

□2 A. This project is going to be a great success.

B. What [2] you say that?

□3 A. I'm having a hard time deciding on what to do with my life.

B. Have you [3] seeking professional help?

□4 A. My career is destroying our marriage. I don't know what to do.

B. I'm sure it will [4] out.

□5 A. I didn't know that you were [5] of this problem.

B. Actually, I just found out about it this morning.

答1 A. 彼は，遠回しに言うのをやめて，ズバリ要点に触れてくれたらいいのに。
B. 君の言いたいことは，まさによくわかる。 ☞熟語
1 ⇒point
▶ beat around the bushは「遠回しに言う，持って回った言い方をする」という意味。A.の発言は「それをやめて……しろ」となるので，「……」にはbeat around the bushとは逆の意味の言葉を入れる。get to the pointで「肝心な点を言う」で，getの代わりにcomeを使っても同じ意味。このpointは「要点」という意味で，定冠詞theを付けるのが普通。

答2 A. この計画は大成功になりそうだね。
B. 何でそんなこと言えるの。 ☞動詞
2 ⇒makes
▶ sayの目的語がthatになっているので，youを主語にするとwhatが使えなくなる。whatを主語と考えると，動詞＋目的語＋原形動詞ができる。この形を取るのは使役動詞，知覚動詞，helpのみ。「何があなたにそのように言わせるのか」と考えてmakesを入れる。

答3 A. 僕は自分の人生をどうするか，なかなか決められないでいるんだ。
B. 専門家に助けを求めてみたのですか。 ☞動詞
3 ⇒tried[considered, attempted]
▶ have a hard timeは「つらい思いをする」という意味で，後ろにVingが来ると，have difficulty (in) Vingと同じで「Vするのが困難だ」という意味になる。B.の文は現在完了なので，動名詞を目的語に取る動詞の過去分詞が入ることになる。triedかconsidered，あるいはtryと同じ意味のattemptも入れることができるだろう。

答4 A. 私の仕事のせいで，私たちの結婚生活は駄目になりそうだ。どうしたらいいんだろう。
B. きっとうまくいくと思うわよ。 ☞熟語
4 ⇒work
▶ work outは他動詞と自動詞があり，ここでは自動詞で「良い結果が出る，(問題が) 解決する」。このitは状況を表し，A.の発言で問題になっていることを指す。他動詞のwork outは「(問題などを) 解決する」。work oneself outとすると自動詞と同じ意味になる。

答5 A. 私はあなたがこの問題に気づいていることを知らなかった。
B. 実際のところ，私は，ちょうど今朝そのことがわかったの。 ☞熟語
5 ⇒aware[conscious]
▶ actuallyは「意外かもしれないが実は」というニュアンスを含む。B.の発言から，A.はB.の何が意外だったのかを考える。「知っている，気づいている」は，be aware of ～ かbe conscious of ～ で，後者は「意識している」感じが強いがここでは両方とも使える。

Date： 月 日

4 明治大(法)

難易度	★★★	目標得点	4／5点
制限時間	4分	得点	／5点

問：次の 1 ～ 5 の A, B の空所にはそれぞれ同じ英語 1 語が入る。その語を答えよ。

□1 A. 僕は彼女の期待に沿おうと努力したんだ。

I tried to [1] up to her expectations.

B. このボタン取れそうだよ。

The button here is about to [1] off.

□2 A. 試験にはうんざりだよ。

I'm [2] of exams.

B. 彼は故郷のガールフレンドが恋しくてたまらないんだ。

He is [2] for his girlfriend back home.

□3 A. この本は今ひっぱりだこなんだよ。

This book is now in great [3] .

B. 国境を越えるとき，見せるように言われたらパスポートを見せなくちゃ駄目だよ。

When crossing the border, you have to show your passport on [3] .

□4 A. 自分でパンクを直せますか？

Can you repair the [4] tire by yourself?

B. 英国ではアパートの住人はたいてい週ごとに家賃を支払います。

In the United Kingdom, one who lives in a [4] pays the rent weekly.

□5 A. 三つぞろいを着た彼はすてきでした。

He looked gorgeous in a three-piece [5] .

B. 勝手にしなさい。

[5] yourself.

答1 [1]⇒come ☞熟語

▶「(期待に) 沿う」という意味の動詞はmeetだが，up toという副詞＋前置詞から，live up to ～ とcome up to ～ の２つの熟語が考えられる。B. ではoffが分離を表し，それと結び付く自動詞を選ぶとcomeかfallが入るので，共通のcomeを選ぶ。

答2 [2]⇒sick ☞熟語

▶「うんざりだ」で後にofが続く表現はhave enoughやbe tired, be sickなどいろいろ考えられるが,「恋しいと思う」という意味をforを使って作ることができるのはsickだけ。「病気になりそうなほど恋しい」という意味。このforは，be anxious for ～ やask for ～ と同じで，求める意味を持つ。

答3 [3]⇒demand[request] ☞熟語

▶「ひっぱりだこ」という日本語は「需要・要求が多い，大いに求められている」と考える。「需要，要求」を表すdemand，requestは，いずれもinを前置詞として「求められている」という意味を作る。on demand, on requestはともに「要請があったらすぐに」という意味で，このonはon Ving (Vするとすぐに) のonと同じ働きをしている。

答4 [4]⇒flat ☞名詞

▶自転車や車の「パンク」はpunctureともいうが，日常会話ではa flat tireか単にa flatということが多い。ここでは，tireという単語が使ってあるのでflatにする。「アパート」は個々の住居部分をいう場合にはan apartmentかa flatという。建物全体はan apartment house[building, a block of flats]。ただし，日本語のマンションはmansionとはいわず，apartmentかflat，またはcondominiumというので注意すること。mansionは「大邸宅」を意味する。

答5 [5]⇒suit ☞名詞・動詞

▶日本語にもなっている「スーツ」は正しい英語。男性用でも女性用でも上下そろいの服をsuitといい，a suit of clothesのように表現する。「勝手にしろ」の表現はいろいろあるが，yourselfを使うものはSuit yourself. やPlease yourself. などがある。このsuitは，「(都合よく) 合わせる」という意味の動詞。

Date： 月 日

5 青山学院大(経済)

難易度	★★★	目標得点	4／5点
制限時間	5分	得点	／5点

問：次の 1 ～ 5 の文に最も近い意味の文を (a) ～ (d) の中から 1 つずつ選べ。

□ 1 Your opinion is indispensable to us.
(a) We cannot do without your opinion.
(b) Our opinion is essential to you.
(c) Your opinion is not the same as ours.
(d) We cannot agree to your opinion.

□ 2 He was as good as his word.
(a) He was good at flattering.
(b) His speech was very fluent.
(c) He did not break his promise.
(d) His behavior was very good.

□ 3 We were running out of time.
(a) We were spending little time.
(b) We had no more time left.
(c) We ran, but we were not in time.
(d) Time passed quickly.

□ 4 I am very concerned about his health.
(a) I am quite optimistic about his health.
(b) I am satisfied with his health.
(c) I do not approve of his health.
(d) I am worried about his health.

□ 5 He addressed himself to the principal.
(a) He spoke to the principal.
(b) He wrote to the principal.
(c) He told his address to the principal.
(d) He asked the principal's address.

答1　あなたの意見は私たちには不可欠なものです。　☞熟語・形容詞

⇒ (a) 私たちはあなたの意見なしで済ますことができない。
(b) 私たちの意見はあなたにとって不可欠なものです。
(c) あなたの意見は私たちの意見と同じではない。
(d) 私たちはあなたの意見に賛成できない。

▶ be indispensable to ～ は「～にとって欠くことができない」という熟語。(a) の do without ～ は「～なしで済ませる」。indispensableという形容詞は，動詞dispense with ～（～なしで済ませる）の派生語dispensableの否定形（in-）と覚えるとよい。

答2　彼は約束を守る人だった。　☞熟語・名詞

(a) 彼はお世辞が上手だった。
(b) 彼の演説はとても流ちょうだった。
⇒ (c) 彼は約束を破らなかった。
(d) 彼の態度はとても良かった。

▶ be as good as one's wordは「約束を守る」だが，wordは人称代名詞の所有格を伴い，単数で「約束」という意味。a man of his wordも同じ意味。同様に，break[keep] one's wordも「約束を破る［守る］」。複数形wordsにすると意味が異なるので注意。

答3　私たちの時間は切れかかっていた。　☞熟語

(a) 私たちはほとんど時間を費やしていなかった。
⇒ (b) 私たちにはもう残っている時間がなかった。
(c) 私たちは走ったが，時間に間に合わなかった。
(d) 時間は早く過ぎた。

▶ run out of ～ で「～を切らす，使い果たす」という熟語。切らされるものも主語に置くことができる。We were running out of time. ＝Time was running out. 似たような意味の熟語に，run short of ～（～が不足する）があるが，使い方は同じなので一緒に覚えておく。(b) の have ～ left（～が残っている）は，There is ～ left. で書き換えられる。

答4　私は彼の健康状態がとても心配だ。　☞動詞

(a) 私は彼の健康状態に関して，とても楽観的である。
(b) 私は彼の健康状態にとても満足している。
(c) 私は彼の健康状態を快く思わない。
⇒ (d) 私は彼の健康状態が心配である。

▶動詞concernには，be concerned with[about] ～ で「～に関係する」という意味の他に，be concerned about ～，concern oneself about ～（～を心配する，気にかける）のように，「～を心配する」という意味もあり，受け身か再帰代名詞と共に使う。worryは「心配する」という意味では能動態でも受動態でも表現できる。

答5　彼は校長に話しかけた。　☞動詞

⇒ (a) 彼は校長と話した。
(b) 彼は校長に手紙を書いた。
(c) 彼は校長に自分の住所を言った。
(d) 彼は校長の住所を尋ねた。

▶ addressを動詞として再帰代名詞と共に使うと，「話しかける」「(問題などに) 取り組む」という意味になる。他動詞で人を目的語にして，「話しかける」「呼ぶ」という意味でも使う。動詞として使って住所に関係するのは，address a letter（手紙に住所を書く）だけ。

Date： 月 日

6 立命館大（法）

難易度	★★★	目標得点	3／4点
制限時間	3分	得点	／4点

問：次の1～4のそれぞれの日本文とほぼ同じ意味になるように，下の英文の各空所に1語を補い，その語を書け。ただし空所内に語頭の文字が示されている場合，その文字で始まる語を書け。

□1 観客の多くはその芝居に退屈して眠ってしまった。

Many in the audience were (b　　　) with the play and went to sleep.

□2 子供たちは全員車中で寝てしまった。

The children all fell (　　　) in the car.

□3 この店にはあなたに似合う服がないから，他の店へ行ってみよう。

There aren't any dresses here that suit you, so let's try somewhere (e　　　).

□4 彼女はしばらく目をつぶってじっと考えていた。

She thought quietly for a few minutes with her eyes (c　　　).

答1 ⇒bored ☞動詞

▶「〜に退屈する」はbe bored with[by] 〜 と表す。このboredは過去分詞で，原形はbore（〜を退屈させる）。boringで「退屈な」という形容詞の働きをし（The film was boring.），a boreで「退屈な人物」のこともいう（He is a complete bore.）。

答2 ⇒asleep ☞形容詞

▶「眠る」は起きている状態から眠っている状態に移行する場合はfall asleepという。be asleepにすると「眠っている」。形容詞だが，限定用法ではsleepingを使う。
e.g. a sleeping baby「眠っている赤ちゃん」。また，fall asleepは婉曲的に死んだことを表す場合もある。

答3 ⇒else ☞形容詞

▶elseは不定代名詞，疑問詞，no-，some-，any- が最初に付く名詞の後で用いて，「その他の」という意味になる。somewhere elseで「他のどこかへ」で，文脈から「他の店へ」ということになる。
e.g. Anyone else?「他に誰かいませんか。」

答4 ⇒closed ☞前置詞・分詞

▶with＋名詞＋形容詞［分詞など］で付帯状況を表し，名詞とその後に続く語で主語＋述語の関係を作る。この場合は，「目をつぶって」（つまり「彼女の目が閉じられた状態で」）という意味にするために，動詞closeの過去分詞をあてはめて，受け身の関係を作る。

Date： 月 日

7 津田塾大(英文)

難易度 ★★★	目標得点 3／4点
制限時間 6分	得点 ／4点

問：日本語では同じ言葉で表しても，英語では違う言葉で表さないと正しい意味にならないことがよくある。次の空所に適当な1語を入れて，それぞれ意味が通る英文にせよ。ただし，同じ言葉を2度使わないこと。

□1 「する」

(1) Susan had to [1] the laundry when her mother was away for the weekend.

(2) Don't [2] any promises that you can't keep.

(3) John was very worried about [3] a speech to such a large audience.

□2 「かりる」

(1) Can I [4] some money? I will return it tomorrow.

(2) Most tourists [5] a car at the airport to get around in Hawaii.

(3) May I [6] the bathroom? I want to wash my hands.

□3 「きく」

(1) On second thought, I decided to [7] my parents' advice.

(2) Please speak up a little because I can't [8] you clearly.

(3) When you get lost, don't hesitate to [9] someone for directions.

□4 「みる」

(1) I [10] a Major League Baseball game on TV last night.

(2) If you are free, let's go and [11] a movie this weekend.

(3) Make sure you [12] twice before you cross a railway crossing.

答1 [1]⇒do　スーザンは，週末お母さんが出かけたとき，洗濯をしなければならなかった。
[2]⇒make　守れない約束はするな。
[3]⇒giving[making]　ジョンは，こんなに大勢の聴衆の前で演説することをとても心配していた。　☞動詞

▶the laundryは「洗濯物」で，do the laundryで「洗濯をする」。do the gardenで「庭の手入れをする」という場合と同じ働きのdoである。「約束をする」はmake a promise,「演説をする」はdeliver a speechもあるが，make a speechかgive a speechが簡単。

答2 [4]⇒borrow　お金をいくらか借りてもいいでしょうか。明日には返します。
[5]⇒rent[hire]　たいていの観光客は，ハワイを見てまわるのに空港で車を借りる。
[6]⇒use　洗面所をお借りできますか。手を洗いたいのですが。　☞動詞

▶「お金を借りる」はborrow。「借りて持っていく」場合はborrowを使う。「借りるためにお金を払う」のはrentかhire。日本語になっている「レンタカー」は，英米でもrent-a-carと言う。借りてその場で使う場合はuseを用いる。電話は昔はuseだったが，今では移動して使う電話もあるのでborrowを用いることもある。

答3 [7]⇒take[follow, accept, adopt]　私は考え直して，両親の忠告を聞くことにした。
[8]⇒hear　はっきり聞こえないので，少し大きな声で話してください。
[9]⇒ask　道に迷ったら，ためらわないで誰かに方角を聞きなさい。　☞動詞

▶adviceを「聞く」のは「従う，受け入れる」として，follow, take, acceptなどが考えられる。on second thoughtは「考え直して」という熟語。「聞こえる」はhearを使う。listenは「耳を傾けて聞く」という意味なのでここでは使えない。(3)では，文意から「尋ねる」の意味なのでaskを使う。この場合，後ろに前置詞forがあるのでinquireは使えない。

答4 [10]⇒watched　私は昨晩，テレビで大リーグの野球の試合を見た。
[11]⇒see　もし暇なら，今週末に映画を見に行きましょう。
[12]⇒look　踏切を渡る前には，必ず２度見るんですよ。　☞動詞

▶「試合を見る」はwatch the gameだが,「試合を見に行く」はgo to see the gameとなる。これは，goが意味の中心となるためである。その意味で(2)ではgo and see a movieとなる。テレビで映画を見る場合には，watch a movie on TVとwatchを使う。(3)は「注意して見る」の意味でlookを使う。look into ～，look over ～，look outなど，lookを使った熟語を思い出すと感じがつかめるだろう。

Date： 月 日

8 早稲田大(理工)

難易度	★★☆	目標得点	4／5点
制限時間	5分	得点	／5点

問：次の 1 ～ 5 に与えられた (a) ～ (d) の空所に入る共通の 1 語を書け。

□ 1 (a) They spent the [1] of the day seeing the interesting places of the city.
(b) His whole theory [1]s on a false assumption.
(c) The children took a short [1] in the afternoon.
(d) Why don't you let the matter [1] ?

□ 2 (a) His [2] kept him from admitting his mistake.
(b) He pointed with [2] at the fine collection of books in his library.
(c) She [2]s herself on being a good cook.
(d) The new sports center is the [2] of the town.

□ 3 (a) It is dangerous to store a large [3] of petrol in the garage.
(b) We save a lot of money by buying food in [3] .
(c) Many people are impressed by the [3] of Shakespeare's work, but know nothing about its content.
(d) In the coming election, this party's candidate is an unknown [3] .

□ 4 (a) Her scarf got caught in the door, and pull as she might she could not pull it [4] .
(b) If you have a [4] moment this afternoon, there's something I want to discuss with you.
(c) This restaurant is so crowded; I don't see a [4] table anywhere.
(d) We want our air to be completely [4] of pollution.

□ 5 (a) He must have known it, for he gave no sign of [5] .
(b) The town was well defended, so there was little chance of taking it by [5] .
(c) I wouldn't be [5]d if the reason she didn't come was that she knew he was coming.
(d) She looked at me in [5] . "What's the matter?" she said, "Are you ill?"

答1 (a) 彼らはその日の残りを，その都市の面白い場所を見て過ごした。
(b) 彼のすべての理論は，間違った仮定に基づいている。
(c) 子供たちは午後にひと休みした。
(d) その問題はそのままにしておいたら。 ☞名詞・動詞・熟語

1 ⇒rest

▶ (b)で「～に基づく，～に基礎を置く」という意味のrest on ～ を思いつけば，(a)で「残り」，(c)で「休息，休憩」という意味がそれぞれ文脈にあてはまることがわかる。(d)はlet ～ restで「～を保留する」という意味。

答2 (a) 彼はプライドが高くて，自分の誤りを認められなかった。
(b) 彼は自慢げに自分の書斎のすばらしい蔵書のコレクションを指さした。
(c) 彼女は料理上手であることを自慢している。
(d) 新しいスポーツセンターは町の自慢だ。 ☞名詞・動詞・熟語

2 ⇒pride

▶ (a)のkeep ～ from Ving構文では，主語が原因になることを理解しておけば，彼が間違いを認めない原因を考えることができる。(b)では，彼がすばらしい蔵書を見せるときの態度としてwith ～ を考えるとprideを思いつく。(c)のpride oneself on ～ は，be proud of ～，take pride in ～ との書き換え問題が頻出。

答3 (a) 車庫に大量のガソリンを保管するのは危険だ。
(b) 私たちは食糧を大量に買うことで，お金をたくさんためる［節約する］。
(c) 多くの人はシェークスピアの作品の量に感動するが，内容については何も知らない。
(d) 次の選挙の，この党の候補者は未知数の人物だ。 ☞熟語

3 ⇒quantity

▶ (a)の文意とlargeという形容詞から，amountかquantityが候補になる。(b)でin amountもin quantityも熟語としてはあるが，ここでは，「大量に」という意味のin quantityだけが文脈に合うので，ここでquantityを正解とすることができる。(d)のan unknown quantityは「未知数の物［人］」という意味。

答4 (a) 彼女はスカーフがドアに引っかかったので，引っ張ったが取れなかった。
(b) 午後暇な時間があったら，あなたとお話ししたいことがあります。
(c) このレストランはとても混んでいる。どこにも空いているテーブルがない。
(d) 私たちは，空気が全く汚染されていないことを望む。 ☞形容詞

4 ⇒free

▶ (a)からfreeを導き出すのは難しい。(b)(c)から思い浮かべば，あとは簡単に確認できる。(b)は「(時間などが) 空いている」，(c)は「(座席などが) 空いている」という意味。(d)でfree of ～ (～がない) という熟語を知っていると，問題としてはかなり簡単になる。

答5 (a) 彼はそれを知っていたにちがいない。なぜなら，驚きの表情を見せなかったからだ。
(b) 町は強固に守られていたので，町を不意打ちする機会はほとんどなかった。
(c) 彼が来るのを知っていたから彼女は来なかったのだとしても，私は驚かないだろう。
(d) 彼女は驚いて私を見た。「どうしたの」「病気なの」と彼女は言った。 ☞熟語

5 ⇒surprise

▶ (a)ではいろいろな言葉が考えられるので，候補を挙げづらい。逆に，(b)はtake ～ by surprise ((町など) を奇襲する) という熟語なので，ここだけでも答えは出せる。(c)(d)ではsurpriseを入れて確認することになる。in surpriseは「驚いて」という熟語。

Date：　月　日

9 関西学院大(経済)

難易度	★★★	目標得点	6／8点
制限時間	5分	得点	／8点

問：次の1～8の空所を埋めるのに最も適当な動詞を下の語群（a～e）から1つ選べ。ただし，1つの動詞を何度用いてもよい。

[a. go　b. come　c. take　d. make　e. put]

□1 とにかくあまり彼を信用してはいけません。

At any rate, don't [1] too much trust in him.

□2 本当に気に入ったのならさっさと買いなさい。

[2] ahead and buy it if you really like it.

□3 その機械を分解して元通りに組み立てられますか。

Can you [3] the machine apart and put it together again?

□4 彼女の投資は毎年利益を生んでいます。

Her investments [4] money every year.

□5 ドアに耳を当てても何の音もしません。

She [5] her ear to the door, but there was no sound.

□6 事態を甘く見てはいけません。

You must not [6] light of the predicament.

□7 彼は笑って私のことを本気で取り合いませんでした。

He laughed and refused to [7] me seriously.

□8 その車が見えなくなるまで見送りました。

We watched the car [8] out of sight.

答1　[1]⇒e. put　☞動詞

▶trustの修飾語や空所の位置を考えると，名詞で目的語でなければならないので，trustを目的語に取る動詞が必要。他動詞のtake，make，putの中で最も適切なのはputである。

答2　[2]⇒a. go　☞動詞・熟語

▶「買う」はbuy it。「さっさと」を英語で表現する。目的語がないので，自動詞から選ぶとgoかcomeだが，aheadが直後にあるのでgo aheadを「前進する」→「ちゅうちょしないで」と捉える。

答3　[3]⇒c. take　☞熟語

▶日本文との対照で考えると，「分解する」をapartを使って表現することが求められている。目的語に名詞machineがあるので，他動詞から選ぶ。take ～ apartは「～を分解する」，set ～ apartは「～を取りのけておく，別にしておく」という意味になる。

答4　[4]⇒d. make　☞動詞

▶「利益を生む」をmoneyを目的語にして動詞1語で表すとmake moneyとなる。辞書では「金をもうける」となっているが，人が主語になる場合の他に，このように利益をもたらす事態，事業が主語になる場合もある。moneymakerは「利益を生む事業，ドル箱」のこと。

答5　[5]⇒e. put　☞動詞

▶日本文は過去形ではなく，英文のsheという人物も出ていないが柔軟に考える。ポイントとなる「ドアに耳を当てる」という部分に気がつけば，答えがputになることは簡単にわかるだろう。

答6　[6]⇒d. make　☞熟語

▶「甘く見る」を，lightという語句から「軽く考える」とすると，make light of ～ という熟語が考えられる。この構文は，make nothing of ～ や，make little of ～，make much of ～ などとともに覚えておく。また，makeの代わりにthinkを使っても同様の意味になる。

答7　[7]⇒c. take　☞動詞

▶問題となっている部分の日本語は「本気で取り合う」。「～を受け取る，解釈する」という動詞はtakeで，単独でもtake ～ well[ill]（～を良く［悪く］受け取る）と使い，takeをこの意味で使っている熟語も多い。

e.g. take it for granted that ..... , take A for B, take it easy

答8　[8]⇒a. go　☞動詞

▶目的語がないので，自動詞のgoかcomeを用いる。車は私たちから見えなくなるのだから，話し手から離れていくと考えてgoを使う。goとcomeの基本的な差は，話し手から離れるか近づくかである。したがって，見えてくる場合にはcome into[in] sightとなる。

Date： 月 日

10 学習院大(経済)

難易度	★★☆	目標得点	5／6点
制限時間	4分	得点	／6点

問：次の1～6の日本文が英文と同じ意味になるように，それぞれの空所の中に，下の語群から1語を選んで入れよ。（なお必要ならば適当な形に書き直すこと。）

[bring, drive, feed, get, give, know, leave, lose, make, put, see, take, think]

□1 私を誰だと思っているのだ。

What do you [1] me for?

□2 彼は失敗ばかりしてすっかり絶望してしまった。

Continual failure [2] him to despair.

□3 出かけるのを来月まで延期しなくてはならない。

I'll have to [3] off going until next month.

□4 ついに誘惑に負けてたばこを吸ってしまった。

I [4] in to temptation and had a cigarette.

□5 なぜ今日ここへ来たの。

What [5] you here today?

□6 彼のおしゃべりにはうんざりだ。

I'm [6] up with his chitchat.

答1　[1]⇒take　☞熟語

▶take A for Bで「AをBと思う」という意味。このtakeは「受け取る」という意味で，副詞と共にtake him seriously（彼の言ったことを真剣に受け取る）などと使うし，take A to be B（AをBと考える）という構文でも使う。

答2　[2]⇒drove[has driven]　☞動詞

▶主語continual failureは「続けざまの失敗」。despairは名詞だから，toは不定詞を導くtoではないことに注意して「彼を絶望へと追いやった」となる動詞を選ぶと，drive 人 to despairとなる。driveは目的語の後に方向を表す副詞や前置詞を伴って，「（その方向に）駆り立てる」という意味を持つ。形は現在完了形か過去形になる。

答3　[3]⇒put　☞熟語

▶「延期する」を表す熟語はput offで，「取り消す」のcall offと混同しないこと。目的語が代名詞の場合は，put it offのように動詞と副詞が分離する。また，「〜まで」という場合にはtill[until]を使う。till[until]は前置詞としても接続詞としても使える。

答4　[4]⇒gave　☞熟語

▶「〜に負ける」という表現は，相手が何であるかによって動詞はさまざまである。誘惑に負ける場合は，give in[way] to 〜 やyield[surrender] to 〜 を使うのが普通。このgive in to 〜 は，感情や圧力に負ける場合にも使うことができる。and以下が過去形になっているので，過去形にする。

答5　[5]⇒brought　☞動詞

▶「どうして」を表すのに，What made 目的語 do［形容詞］? がよく出題されるが，ここではyouの後に動詞の原形（あるいは形容詞）が来ていないことに注意する。hereという副詞があるので，「何があなたをここへ連れて来たのか」と考えてbringを選び，過去形のbroughtにする。

答6　[6]⇒fed　☞熟語

▶be fed up with 〜 は「〜にはうんざりだ」という熟語。このfedの原形がfeedで，feed O with 〜 で「〜をOに食べさせる」という意味になる。upは「限度まで」という意味で，「限界まで食べ物を与えられている」状態だから「うんざり」となる。同じような表現に，have had enough of 〜 がある。

11 名古屋大(前期)

難易度 ★★★　目標得点 8／10点
制限時間 5分　得点 ／10点

問：次の英文の（　）内の単語を完成し，意味の通る文にせよ。下線1本につき1文字を入れること。各語の最初の文字は与えられている。

□ 1 "You'll need to make an (a _ _ _ _ _ _ _ _ _ _) with the doctor," the nurse told the patient.

□ 2 A representative was sent to speak on (b _ _ _ _ _) of those who could not attend the meeting.

□ 3 Repairing that old bicycle would be a (w _ _ _ _) of time and effort. Just buy a new one.

□ 4 I stood there watching the child (b _ _ _ _) spoken to by her teacher.

□ 5 His wife asked him to whom he was sending such a large (a _ _ _ _ _) of money.

□ 6 Bill was (s _ _ _ _ _ _) off his expertise in sailing when he ran the boat aground.

□ 7 The effect of the sleeping pill did not (w _ _ _) off for several hours.

□ 8 He becomes incapable of thinking clearly (w _ _ _ _ _ _ _) he gets even a little drunk.

□ 9 He spilled the coffee all over the table on (p _ _ _ _ _ _) in order to get revenge on the waitress.

□ 10 The news of his accident (t _ _ _) us by surprise.

答1 「あなたは医師に予約をする必要があるでしょう」と看護師は患者に言った。 ☞名詞
⇒ appointment
▶ make an appointment with ～ で「～に予約を入れる」の意味。

答2 会議に出席できない人々を代表して，代理人がスピーチをするために派遣された。☞熟語
⇒ behalf
▶ on[in] behalf of ～ は「～を代表して，～のために」の意味を表す頻出の前置詞句。

答3 古い自転車を修理するのは時間と労力の無駄だろう。新しいのを買いさえすればいい。
⇒ waste ☞名詞
▶ waste of time（時間の無駄）は，よく使う表現。「たとえ修理したとしても」という仮定の意味が含まれているので，仮定法過去のwouldが使われている。

答4 私はそこに立って子供が先生に話しかけられているのを見ていた。
⇒ being ☞動詞・分詞構文・受動態
▶ watch ～ Ving（～がVしているのを見る）の形を利用する。「先生に話しかけられている」という受動の意味なので，being spoken toとする。

答5 そんな大金を誰に送っているのかと，妻は彼に尋ねた。 ☞名詞
⇒ amount
▶ a large amount of moneyで「多額の金」。amountの代わりにsumも使える。後ろに複数の意味を持つ名詞を置くときは，a large number of peopleのようにnumberを使って表す。

答6 ビルが船を座礁させたのは，航海の専門知識をひけらかしている最中だった。 ☞熟語
⇒ showing
▶ show offで「誇示する，見せびらかす」の意味。

答7 睡眠薬の効果は数時間はなくならなかった。 ☞熟語
⇒ wear
▶ wear offで「徐々になくなる」の意味。wearには「身に付けている」の他「使い古す，すり減る」の意味もある。be worn out（すり切れている，疲れ切っている）は頻出表現。

答8 少しでも酔っているときはいつでも，彼ははっきりと物を考えられなくなる。 ☞関係詞
⇒ whenever
▶ clearlyまでで完全な文の形になっているので，副詞節を作る語を考える。whenever S Vは「SがVするときはいつでも」。

答9 ウエイトレスに仕返しするために，彼はわざとテーブル一面にコーヒーをこぼした。☞熟語
⇒ purpose
▶ on purposeで「わざと，故意に」。

答10 彼の事故の知らせは私たちを驚かせた。 ☞熟語
⇒ took
▶ take ～ by surpriseで「～を驚かせる」。

Date： 月 日

12 一橋大(前期)

難易度 ★★★	目標得点 4／5点
制限時間 5分	得点 ／5点

問：次の 1 ～ 5 の各組の (a) ～ (c) の空欄に入る共通の 1 語を答えよ。

□1 (a) She is constantly [1] and out of hospital.
(b) The twin singers are gaining [1] popularity.
(c) True freedom consists [1] the absence of laws.

□2 (a) Venice is a city known [2] its beauty.
(b) The meeting is scheduled [2] next Monday.
(c) The doctor said my condition has changed [2] the better.

□3 (a) [3] the way, have you finished the task I gave you yet?
(b) They had reached their destination [3] the time the sun went down.
(c) As time went [3] , the seriousness of the accident came to be realized.

□4 (a) I would advise you to follow the path [4] you think is best.
(b) The belief [4] the world was round was not peculiar to Columbus.
(c) The climate of Britain is generally milder than [4] of the continent.

□5 (a) As a grown-up, you [5] have known better than to make such a stupid mistake.
(b) Ladies and gentlemen, I [5] like to introduce Mr. John Smith, the prizewinner of this year.
(c) [5] you have any inquiry, please do not hesitate to contact us at the following e-mail address.

答1 (a) 彼女は絶えず入退院を繰り返している。
(b) その双子の歌手は人気が出てきている。
(c) 真の自由は法の不在にある。 ☞熟語・前置詞

[1] ⇒ in

▶ (a) be in hospital は「入院している」, be out of hospital は「退院している」。in と out of が and で結ばれた形。(b) gain in popularity で「人気が出る」。(c) consist in ～ で「～に存する」。lie in ～ ともいう。consist of ～（～から成る）との前置詞の区別が重要。

答2 (a) ベニスはその美しさで知られる都市である。
(b) 会合は来週の月曜日に予定されている。
(c) 私の病状は快方に向かっていると医者は言った。 ☞熟語・前置詞

[2] ⇒ for

▶ (a) be known for ～ は「～で知られている」。known に続く前置詞は, to, for, as, by の4つを区別しておくこと。(b) be scheduled for ～ で「～に予定されている」。
(c) change for the better で「快方に向かう, 好転する」。

答3 (a) ところで, 私が君に与えた仕事はもう終わったかい。
(b) 彼らは日が沈むまでに目的地に着いた。
(c) 時が経つにつれて, その事故の深刻さが理解されるようになった。 ☞熟語・接続詞

[3] ⇒ by

▶ (a) by the way で「ところで」。(b) by the time **S V** で「**S** が **V** するまでに」。by the time は before で書き換えられる。(c) go by は「(時が) 過ぎる」。pass で書き換えられる。

答4 (a) 私なら, 自分が最善と思う道を進むよう君に忠告するだろう。
(b) 地球が丸いという信念は, コロンブスに特有のものではなかった。
(c) イギリスの気候は, 概してヨーロッパ本土の気候よりも温暖である。
☞関係詞・接続詞・代名詞

[4] ⇒ that

▶ (a) that は主格の関係代名詞で, you think が挿入された形。(b) the belief that **S V** で「**S** が **V** するという信念」。that は同格節を作る接続詞。(c) that は前の the＋名詞の反復を避けるために使われる代名詞で, ここでは that＝the climate。

答5 (a) 大人として, 君はそんな愚かな間違いをしないだけの分別を持つべきだった。
(b) 紳士淑女のみなさん, 今年の受賞者, ジョン・スミス氏をご紹介したいと思います。
(c) お問い合わせがあれば, 遠慮なく私どもの次のメールアドレスまでご連絡ください。
☞助動詞・仮定法

[5] ⇒ should

▶ (a) should **V** は「**V** すべきだ」。know better than to **V** は「**V** しないだけの分別を持つ」。(b) should like to **V** は, would like to **V** と同様に「**V** したい」の意味。(c) If you should have any inquiry の If が省略されて, 倒置形になったもの。if 節中の should **V** は「万一 **V** すれば」の意味。

超ハイレベル問題の総チェック！

Lesson 01-04 FINAL CHECK 問題

制限時間▶ 30 分
目標得点▶ 40 ／50点

■次の空欄に入れるのに最も適当なものを選べ。

問1 The man underwent three operations, [1] he had a whole lung removed.

① by that last one　② in that last one
③ in which of the last　④ in the last of which

〔英検1級〕

問2 Her letters always [2] from books.

① can read as if she copied them
② could read as if she copied them
③ read as if she copied them
④ read as if she would copy them

〔慶應大(経)〕

問3 That was the sternest warning [3] issued by the President of the United States.

① far　② yet　③ still　④ much

〔英検1級〕

問4 I enjoyed the book and [4] .

① also my wife had　② my wife so did
③ so did my wife　④ so is my wife

〔慶應大(経)〕

問5 You say it is black. [5] , it is white.

① By contrast　② In exchange
③ Moreover　④ On the contrary

〔慶應大(経)〕

問6 This issue is particularly significant [6] it might possibly cause the split of the party.

① in that　② so that　③ in order that　④ for that

〔英検1級〕

問7 Aside from our qualifications, we feel a responsibility to tell our fellow citizens about our country [7] we see it.

① which ② that ③ as ④ what

〔英検1級〕

問8 The price of coffee [8] early this month.

① has raised to 200 yen ② has rised by 200 yen

③ raised 200 yen ④ rose by 200 yen

〔慶應大(経)〕

問9 A life without ambition is of [9] use than a gun without bullets.

① as much ② any more

③ little ④ little more

〔英検1級〕

問10 I arrived [10] .

① here today two years ago

② here two years ago today

③ here two years before today

④ two years ago today here

〔慶應大(経)〕

問11 It is an ideology incapable of inspiring the world [11] the Western love of freedom, liberty and justice can.

① in such a way as ② in the way that

③ in such a way that ④ in the way how

〔英検1級〕

問12 [12] with this difficult situation.

① It needs a strong-minded person to deal

② It needs a strongly-minded person dealing

③ It needs a strongly-minded person to deal

④ There needs a strong-minded person so that we deal

〔慶應大(経)〕

問13 Work is not, [13] play, the only object of life.

① more than　② any more than
③ no less than　④ more or less than

〔英検１級〕

問14 Take your coat [14] .

① in a case it rains　② in any case it would rain
③ in case that may rain　④ in case it rains

〔慶應大(経)〕

問15 Standing as it [15] on a hill, the village commands a fine view.

① does　② was　③ has　④ could

〔英検１級〕

問16 How can you [16] like that?

① defend from killing someone
② defend killing someone
③ defend that killing someone
④ defend to kill someone

〔慶應大(経)〕

問17 No matter how reliable our conduct may or may not be, others may think it worse than [17] .

① what really can　② as it is
③ it really is　④ how things are

〔英検１級〕

問18 I try to [18] the message.

① make him to understand, but he never gets
② make him understand, but he never gets
③ make him understood, but he never receives
④ making him understand, but he never catches

〔慶應大(経)〕

問19 I am anxious to win this debate; and I will appreciate [19] you can give me.

① help that　② whatever help
③ of which help　④ if any help

〔英検1級〕

問20 This book will [20] in the future.

① prove being of some use for you
② prove to be many uses to you
③ prove to be of some use to you
④ prove to use for you

〔慶應大(経)〕

問21 Since her father did not approve of Beth [21] Jack, they eloped to Mexico.

① marrying with　② marrying
③ marrying to　④ getting married

〔英検1級〕

問22 Boredom is a failure of expectation. When social occasions [22] short of our expectations, we may feel bored.

① live　② sink　③ meet　④ fall

〔慶應大(商)〕

問23 As the uncertainty deepened, fears swept the capital [23] there might be more bloodshed.

① so　② lest　③ that　④ if

〔英検1級〕

問24 When I visited Mr. Johnson's office, he was [24] up in a conference. I should have made an appointment.

① tied　② carried　③ made　④ put

〔慶應大(商)〕

問25 [25] , he would have come to class.

① If Fred could finish his work

② Would Fred be able to finish his work

③ If Fred is able to finish his work

④ Had Fred been able to finish his work

〔英検１級〕

問26 All of a sudden, it dawned [26] me why he was nervous all the time at the party the other day: he was worrying about his son who was in the hospital.

① from　② upon　③ at　④ toward

〔慶應大(商)〕

問27 A "shower" is a party by women for a bride-to-be, to which every guest brings a gift for the person [27] honor it is held.

① with whom　② in whose

③ by what　④ in which

〔英検１級〕

問28 The director of the division is [28] the opinion that they should give up the enormous project.

① of　② on　③ by　④ to

〔慶應大(商)〕

問29 I don't want [29] any misunderstanding between us, so please listen to me carefully.

① there is　② there will be

③ there to be　④ to be

〔英検１級〕

問30 Many people praise his work, yet I think it [30] much to be desired.

① leaves　② makes　③ stays　④ goes

〔慶應大(商)〕

問31 [31] in economic matters, the American Indians were more divided in government and language.

① Different ② Difference

③ Differently ④ Differing

〔英検 1 級〕

問32 These days I am so busy I hardly [32] have a chance to play tennis.

① never ② little ③ often ④ ever

〔英検 1 級〕

問33 I advised him that he should keep his thoughts to himself in this situation. But he couldn't [33] his tongue.

① cease ② hold ③ lose ④ hide

〔慶應大(商)〕

問34 Because of a rapid increase in traffic accidents, a warning sign was put up [34] people to slow down on rainy days.

① that remind ② to remind

③ to reminding ④ as a reminder of

〔英検 1 級〕

問35 The purpose of this survey is [35] the residents know about the budget of their local government.

① finding out how much of

② to find out how much

③ to find how to discover

④ how much to find out

〔英検 1 級〕

問36 He always has his own way. He won't listen to his friends, [36] his opponents.

① moreover ② neither

③ much less ④ no more

〔慶應大(商)〕

問37 [37] , I am prepared for the worst.

① What it may come　② Come what it may
③ Come what may　④ What may come

〔英検1級〕

問38 When Nancy heard her husband was missing, her expression was [38] of grief.

① one　② the one　③ any　④ some

〔英検1級〕

問39 Books cited were printed in London, unless [39] stated.

① nothing　② wherever　③ otherwise　④ somewhere

〔慶應大(商)〕

問40 [40] Paul had to say, he said with decision.

① That　② What
③ Whereas　④ Notwithstanding

〔英検1級〕

問41 We often hear it [41] that Germans are good workers.

① said　② says　③ saying　④ to be said

〔英検1級〕

問42 He was fully [42] that everything in the contest would go on as he had originally planned.

① considered　② conserved　③ concluded　④ convinced

〔慶應大(商)〕

問43 The man told us that he was [43] of *the Daily Times*.

① on the staff　② one of the staffs
③ a fellow staff　④ a staff

〔英検1級〕

問44 Japan [44] Japan, some of the most powerful forces for uniformity in education flow naturally out of the culture.

① was　② is　③ being　④ has been

〔英検1級〕

問45 Mary suddenly burst out crying and explained the details of the accident. Only then [45] I understand what she had been through.

① but ② that ③ if ④ did

〔慶應大(商)〕

問46 Jane dreaded [46] to the dentist.

① for going ② of going ③ to going ④ going

〔英検 1 級〕

問47 I'm [47] up with listening to his repeated advice which is hardly new to any of us.

① gripped ② tired ③ fed ④ put

〔慶應大(商)〕

問48 Like the true fan [48] he is, Ichiro goes to every one of the rock group's concerts.

① that ② who ③ what ④ whom

〔英検 1 級〕

問49 Paul is so depressed now. He lost [49] little money he earned by working part time for three weeks.

① but ② what ③ how ④ every

〔慶應大(商)〕

問50 By the end of the week, the rioting had spread into the eastern part of the city [50] as the worst violence in more than two decades.

① for what police were described

② in what police described

③ with which police said

④ in that police described

〔英検 1 級〕

Lesson 01-04 FINAL CHECK 解答

ADVICE

41点以上の君は，早慶上智・東大・京大・英検1級などの最上級英語資格すべてに通用する，完璧な英語力を身に付けたといえる。どんな試験でも自信を持って臨んでOK。長文読解の分野でも完璧を目指そう。

31～40点の君も，英文法の力はほとんど完成している。安心して受験に臨もう。とはいえ，少し抜けている部分もあるので，レベル別シリーズ全体の復習を忘れずに。

21～30点の君は，難関大や上級資格受験者としては標準的な実力。差をつけるためには，もう少し知識を吸収して基礎点を固めよう。

20点以下の君は，少し練習不足。つまずいたところにもう一度戻って，問題を解き直してみよう。繰り返しやることが，英語の勉強では非常に重要だ。

解答

問1	④	問11	②	問21	②	問31	④	問41	①
問2	③	問12	①	問22	④	問32	④	問42	④
問3	②	問13	②	問23	③	問33	②	問43	①
問4	③	問14	④	問24	①	問34	②	問44	③
問5	④	問15	①	問25	④	問35	②	問45	④
問6	①	問16	②	問26	②	問36	③	問46	④
問7	③	問17	③	問27	②	問37	③	問47	③
問8	④	問18	②	問28	①	問38	①	問48	①
問9	④	問19	②	問29	③	問39	③	問49	②
問10	②	問20	③	問30	①	問40	②	問50	②

SCORE	1st TRY	2nd TRY	3rd TRY	CHECK YOUR LEVEL	
	/50点	/50点	/50点		▶ 0 ～ 20点 ➡ *Work harder!* ▶ 21 ～ 30点 ➡ *OK!* ▶ 31 ～ 40点 ➡ *Way to go!* ▶ 41 ～ 50点 ➡ *Awesome!*

解説

問1　その男性は３度の手術を受けたが，最後の手術で肺をすべて切除した。

▶もとの文は，He had a whole lung removed in the last (operation) of the three operations.

問2　彼女の手紙はいつも本から写したようだ。

▶普通，alwaysの後に助動詞は置かないので①②は不可。as ifの後は仮定法だが，未来のことではないのでwillの過去形wouldは不可。

問3　それは，それまでのところアメリカ合衆国大統領によって発された中で，最も断固たる警告であった。

▶最上級に伴うyetは「これまでのところ」「それまでのところ」の意味になる。

問4　私がその本を楽しんだのと同様，妻も楽しんだ。

▶so＋be動詞［助動詞］＋**S**「**S**もまたそうする」。対応する文の動詞や時制にbe動詞［助動詞］の形を合わせる。

問5　君はそれが黒いと言うが，実際には白だ。

▶on the contraryは前出の内容を否定して「それどころか」。

問6　ひょっとすると政党分裂を招きかねないので，その問題は特に重要だ。

▶in that **S V**「**S**が**V**する点で，**S**が**V**するので」。

問7　私たちの能力はさておき，私たちは国民に対して見た通りの国家の姿を伝える責任を感じている。

▶as we see it「見た通りの，われわれの考えでは」。

問8　今月はじめ，コーヒーの価格は200円上がった。

▶「上がる」の意味の自動詞は，rise-rose-risen。byは差を表す前置詞。

問9　野心のない人生は，弾のない銃と同様にほとんど無意味だ。

▶little more ... than ～「～と同様にほとんど…ない」。no more ... than ～「～と同様に…ない」。

問10　私は２年前の今日ここに着いた。

▶「２年前の今日」はtwo years ago todayと表現する。

問11　それは，西洋の自由や正義に対する愛のように世界の人々を鼓舞することはできない思想である。

▶in the way that **S V**「**S**が**V**するような方法で」。the wayを先行詞として関係副詞のhowは使えない。

問12 このような困難な状況に対処するには意志の強い人間が必要だ。

▶「意志が強い」はstrong-mindedと表現する。itは形式主語。

問13 仕事は遊びと同様に，人生の唯一の目的ではない。

▶ not ..... any more than ～「～と同様に・・・・・ではない」。カンマに挟まれた部分は文末から移して挿入されていると考える。

問14 雨が降るといけないのでコートを持っていきなさい。

▶ in case **S V**「**S**が**V**するといけないので」。

問15 山の上に位置しているので，村からの眺めは良い。

▶ as it doesは分詞構文の強調。standは一般動詞なのでdoesで受ける。

問16 そのような人殺しをどうして弁護できようか。

▶ defendは動名詞を目的語に取る動詞。

問17 われわれの行動が信頼できようとできまいと，他人はそれを実際よりもひどいものだと思うかもしれない。

▶ than it really is「実際のそれよりも」。

問18 私は彼に理解させるべく努めているが，彼には私の意図が理解できない。

▶ make ～ **V**は原形不定詞の構文で「～に**V**させる」。get the message「(相手の言わんとしていることを) 理解する」。

問19 私はこの討論に絶対に勝利したい。だから，君の与えてくれるどんな助力もありがたいと思う。

▶ whatever ～ **S V** .....「**S**が**V**するどんな～でも・・・・・」。

問20 この本は将来君にとっていくらか役に立つだろう。

▶ prove (to be) **C**「**C**であると判明する」。be of use「役に立つ」。

問21 ベスの父親が，ベスのジャックとの結婚を認めなかったので，彼女らはメキシコへと駆け落ちした。

▶ marryは他動詞で，get married toとも書き換えられる。ここでは動名詞として使われている。

問22 退屈とは期待が破綻することである。社交上の機会が期待に満たないとき，私たちは退屈するのだ。

▶ fall short of expectations「期待に満たない」。

問23 不確実性が深まるにつれて，より多くの流血事態が起こるのではという恐怖が首都に広がった。

▶主語 (fears) の内容を説明する同格のthat節が文末へと移動している。

問24 ジョンソン氏の事務所を訪れたとき，彼は会議に拘束されていた。約束をしておくべきだった。

▶ be tied up「(忙しくて) 手が離せない」。

問25 フレッドは，仕事を終えることができていたならば，授業に来ることができただろう。

▶仮定法過去完了の条件節 if **S** had **V**pp は，had **S V**pp とすることもできる。

問26 突然，なぜ彼が先日パーティーでずっと緊張していたのかがわかってきた。彼は入院している息子のことを心配していたのだ。

▶ dawn on[upon] ～「～にわかりはじめる」。

問27 シャワーパーティーとは，これから花嫁になる人のための，女性たちによるパーティーで，パーティーの主役である人のために客は皆，贈り物を持ち寄る。

▶ in ～'s honor「～を祝して」。**person** までの文に，It (= The party) is held in **her** honor. の文を関係代名詞 whose を使って結び付けた形。

問28 その部門の管理者は，彼らがその巨大プロジェクトを断念すべきだという意見を持っている。

▶ be of the opinion that **S V**「**S** が **V** するという意見を持っている」。

問29 私は，私たちの間にいかなる誤解もあってほしくない。だからどうか注意深く聞いてほしい。

▶ want ～ to **V**「～に **V** してほしい」。there が疑似名詞的に使われている。

問30 多くの人々は彼の仕事をほめているが，それでもなお，私は改善の余地がたくさんあると思っている。

▶ leave much to be desired「改善の余地がたくさんある」。

問31 経済的な問題が異なっているため，アメリカインディアンは統治形態や言語においてより多様であった。

▶ differ in ～「～において異なる」。分詞構文として使われている。

問32 最近，私は非常に忙しいので，ほとんどテニスをする機会がない。

▶ hardly ever .....「めったに・・・・・ない」。

問33 私は彼にこの状況においては考えを言わないでおくように忠告した。しかし彼は黙っていることができなかった。

▶ hold one's tongue「黙っている」。keep ～ to oneself「～を人に話さないでおく」。

問34 交通事故の急激な増加のため，雨の日には速度を落とすように人々に警告する標識が立てられた。

▶ remind ～ to **V**「～に**V**するよう思い出させる」。

問35 この調査の目的は，住民がどの程度彼らの地域の予算について知っているかを発見することである。

▶ to find outは名詞的用法の不定詞。how much以下は疑問詞が導く名詞節。

問36 彼はいつも我を通す。敵対者の話はもちろん，友人の話も聞こうとしない。

▶ 否定文＋much less ～「……ない。～はもちろん……ない」。

問37 何が起ころうとも，私は最悪の事態に備えている。

▶ come what may[whatever may come] は「何が起ころうとも」という意味の譲歩節。

問38 ナンシーが彼女の夫が行方不明だと聞いたとき，彼女の表情は悲しみの表情だった。

▶ oneは代名詞でan expressionの反復を避けている。

問39 引用された本は，特別に表記がない場合は，ロンドンで印刷されたものである。

▶ otherwise「別の方法で」。unless otherwise stated「特別な表記がない限り」。

問40 ポールは自分の意見を決然と述べた。

▶ what ～ have to say「～の意見」。目的語を文頭に置き，強調した特殊な文。with decision「決然と［覚悟を決めて］」。

問41 私たちはしばしば，ドイツ人はよく働くと言われるのを耳にする。

▶ itは形式目的語でthat以下を指す。that節の内容は「言われる」のだから過去分詞を選ぶ。

問42 彼は競技会におけるすべての物事がもともとの計画通りに進むだろうと完全に確信していた。

▶ be convinced that **S V**「**S**が**V**すると確信している」。

問43 その男はデイリータイムズの職員として働いていると言った。

▶ staffは職員の集合体を表す名詞。前置詞onを使う。

問44 日本は日本以外の何物でもないため，教育が画一的であることに最も影響を与えているものの一部は，日本の文化から自然と生まれているのである。

▶ 主文と分詞構文の主語が異なる独立分詞構文。

問45 メアリーは突然泣き出して事故の詳細について説明した。その時ようやく私は彼女が経験した物事を理解した。

▶ only then という副詞句が強調のため文頭に移動した倒置構文。

問46 ジェーンは歯医者に行くのを恐れた。

▶ dread は動名詞を目的語に取る他動詞。

問47 私は，私たちの誰にとってもほとんど新鮮味のない彼のしつこい忠告を聞くのにあきあきしている。

▶ be fed up with ～「～にあきあきしている」。

問48 真のファンらしく，イチローはそのロックグループのコンサートにはすべて参加する。

▶ 人間の性質を表す表現が先行詞になる場合には関係代名詞 that を使う。

問49 ポールは現在，非常に落ち込んでいる。彼は３週間アルバイトをして稼いだありったけの金をなくしてしまったのだ。

▶ what little ～「ありったけの～，わずかな～の全部」。

問50 週末までには，暴動は都市の東部へと広まった。警察はこの 20 年以上における最悪の暴力であると表現した。

▶ what は関係代名詞。describe **O** as **C**「**O** を **C** であると表現する」。②の in は「状態」を表し，「警察が～と表現する状態で（広まった）」となる。

特別付録

単語・熟語リスト

本書の例題・例文・問題に登場した重要な単語・熟語をチェック！

▼ Lesson 01 空所補充問題

p.14-15

- □ illuminate (動) 照らし出す

p.16

- □ chemical (名) 化学製品
- □ lawn (名) 芝生
- □ vulnerable (形) 傷つきやすい
- □ pest (名) 害虫
- □ according to ～ (熟) ～によれば
- □ expert (名) 専門家
- □ landmine (名) 地雷
- □ shield (名) 盾（たて），防御物
- □ protection (名) 保護
- □ wear (動) 身につけている
- □ watch out (熟) 気をつける

p.18

- □ despite (前) ～にもかかわらず
- □ ample (形) 十分な
- □ report (名) 報告
- □ be reluctant to V (熟) Vするのに気が進まない
- □ a good deal of ～ (熟) かなり多くの～
- □ be spent (in) Ving (熟) Vすることに費やされる
- □ make effort (熟) 努力する
- □ persuade (動) 説得する
- □ call (名) 招集
- □ volunteer (名) ボランティア
- □ newcomer (名) 新参者
- □ help (to) V (熟) Vするのに役立つ
- □ affect (動) 影響を及ぼす
- □ performance (名) 遂行，演技
- □ be afraid of ～ (熟) ～を恐れている
- □ ask for ～ (熟) ～を求める

p.20

- □ ask ～ to V (熟) ～にVしてくれと頼む
- □ rest (動) 休む
- □ for a few minutes (熟) 数分の間
- □ for a long time (熟) 長い間
- □ for a moment (熟) ちょっとの間
- □ for a while (熟) しばらくの間

p.22

- □ within a stone's throw of ～ (熟) ～のすぐ近くに
- □ live within one's means (熟) ～の収入内で暮らす
- □ be worthy of ～ (熟) ～に値する
- □ contempt (名) 軽蔑
- □ inform A of B (熟) AにBを知らせる
- □ make O C (動) OをCにする
- □ public (形) 公の，大衆の
- □ detailed (形) 詳細な
- □ incredible (形) 信じられない，驚くべき
- □ summit (名) 頂上
- □ beyond description (熟) 描写できないほど
- □ prescription (名) 処方せん，処方薬
- □ outline (名) 概要，輪郭
- □ announcement (名) 発表，公表
- □ be sentenced to ～ (熟) ～（判決）が宣告される
- □ imprisonment (名) 禁固，投獄
- □ murder (名) 殺人
- □ distinguished (形) 著名な
- □ scholar (名) 学者
- □ as large as life (熟) まぎれもない本物の，実物大の
- □ decide to V (熟) Vすることを決める
- □ set off (熟) 出発する
- □ president (名) 大統領，社長
- □ set forth (熟) 発表する
- □ policy (名) 政策

p.24

- □ offer to V (熟) Vしようかと申し出る
- □ warn (動) 警告する
- □ have ～ V (動) ～にVさせる
- □ leave (動) 残す
- □ put ～ through (熟) (電話で) ～を (人に) つなぐ
- □ it occurs to ～ that S V (熟) SがVすることが～の頭に浮かぶ
- □ wish S had Vpp (構) SがVしていたらなあ（仮定法過去完了）
- □ frighten (動) おびえさせる
- □ cocktail (名) カクテル
- □ attend (動) 出席する
- □ embassy (名) 大使館
- □ in honor of ～ (熟) ～に敬意を表して
- □ nervous (形) 神経質な
- □ get out of ～ (熟) ～(約束・仕事など)から手を引く

p.26

- □ take the blame (熟) 責任を取る
- □ have a bad day (熟) 嫌な日を過ごす
- □ situation (名) 状況
- □ change for the better (熟) 好転する

p.28

- □ what ..... (構) ・・・・・なこと，もの
  = the thing(s) which .....
- □ call ～back later (熟) ～にあとで電話をかける
- □ chilly (形) 寒い
- □ be careful not to V (熟) Vしないように注意する
- □ be used to Ving (熟) Vすることに慣れている
- □ captain (名) 機長，船長
- □ what if ..... ? (熟) ・・・・・したらどうなるだろうか

p.30

- □ loss (名) 損害
- □ expression (名) 表情
- □ nest (動) 巣を作る

p.32

- [ ] way of ～ (熟) ～の方法
- [ ] bring up ～ (熟) ～を育てる, ～を持ち出す
- [ ] subject (名) 主題, 話題
- [ ] used to V (熟) Vしたものだ
- [ ] gradually (副) 徐々に
- [ ] keep one's distance (熟) 距離を置く
- [ ] those who V (熟) Vする人々
- [ ] remind A of B (熟) AにBを思い出させる

p.34

- [ ] complete (動) 完成させる
- [ ] sentence (名) 文
- [ ] appropriate (形) 適切な
- [ ] rarely ..... (副) めったに ‥‥‥ ない
- [ ] progress (名) 進歩
- [ ] stop to V (熟) 止まってVする
- [ ] mean (動) 意味する, 意図する
- [ ] during (前) ～の間
- [ ] habit (名) 癖
- [ ] stand (動) 耐える
- [ ] harvest (名) 収穫
- [ ] result from ～ (熟) ～から生じる
  - cf. result in ～ (熟) ～の結果になる
- [ ] outstanding (形) 目立つ
- [ ] feature (名) 特徴
- [ ] dealer (名) 業者
- [ ] mention (動) 述べる
- [ ] fuel (名) 燃料
- [ ] economical (形) 倹約的な
- [ ] opinion (名) 意見

p.36

- [ ] unlike (前) ～とは違って
- [ ] modernist (名) 現代主義者
- [ ] poet (名) 詩人
- [ ] ordinary (形) 普通の
- [ ] speech (名) 話し言葉
- [ ] poem (名) 詩
- [ ] be based on ～ (熟) ～に基づいている
- [ ] famous (形) 有名な
- [ ] overnight (副) 一夜にして
- [ ] accuse A of B (熟) AのBを責める
- [ ] go on ～ (熟) ～に出かける
- [ ] thanks to ～ (熟) ～のおかげで
- [ ] suggestion (名) 提言
- [ ] penalty (名) 罰金
- [ ] remember to V (熟) Vすることを覚えておく
- [ ] remember Ving (熟) Vしたのを覚えている
- [ ] complain about[of] ～ (熟) ～について不平をこぼす

p.38

- [ ] ambassador (名) 大使
- [ ] advisory (形) 諮問の
- [ ] committee (名) 委員会
- [ ] director (名) 監督
- [ ] outside of ～ (熟) ～の外で [に]
- [ ] difference (名) 違い
- [ ] sightseeing (名) 観光
- [ ] so (that) S can V (構) SがVできるように
- [ ] improve (動) 改善する, 上達する
- [ ] department (名) 部, 省, (大学の) 学科
- [ ] at least (熟) 少なくとも
- [ ] instrument (名) 楽器
- [ ] be expected to V (熟) Vすることが要求されている

p.40

- [ ] trial (名) 裁判
- [ ] terrible (形) 恐ろしい
- [ ] commit a crime (熟) 罪を犯す
- [ ] regret (名) 後悔
- [ ] practical (形) 実用的な
- [ ] deal with ～ (熟) ～を扱う
- [ ] communicate (動) 意思伝達をする
- [ ] gesture (名) 身ぶり
- [ ] meaning (名) 意味
- [ ] propose (動) 提案する

p.42

- [ ] term (名) 学期
- [ ] estimate (動) 見積もる
- [ ] degree (名) 程度
- [ ] be capable of Ving (熟) Vできる
- [ ] logically (副) 論理的に
- [ ] close (形) 綿密な
- [ ] re-examination (名) 再調査
- [ ] material (名) 原料, 物質
- [ ] research (名) 研究
- [ ] form (名) 形, 姿, 形態
- [ ] as (前) ～の時に, ～として
- [ ] be exposed to ～ (熟) ～にさらされる
- [ ] ideal (形) 理想的な
- [ ] environment (名) 環境
- [ ] politician (名) 政治家
- [ ] resign (動) 辞職する
- [ ] scandal (名) 不祥事
- [ ] charge A with B (熟) AをBの罪で告発する
- [ ] get involved in ～ (熟) ～に足を踏み込む, ～に巻き込まれる

p.44

- [ ] not until ..... V S (構) ‥‥‥ になってはじめてSはVする
- [ ] appreciate (動) ありがたみがわかる
- [ ] require (動) 要求する
- [ ] obtain (動) 得る
- [ ] visa (名) ビザ
- [ ] become interested in ～ (熟) ～に興味を持つようになる
- [ ] get ready for ～ (熟) ～の準備をする
- [ ] exam (名) 試験
- [ ] it is (about) time S Vp (構) (そろそろ) SがVする頃だ
- [ ] the prime minister (名) 総理大臣
- [ ] come to an agreement (熟) 合意に達する

p.46

- [ ] believe (動) 信じる

□ vote for ～	(熟)	～に投票する
□ dishonest	(形)	誠意のない
□ candidate	(名)	立候補者
□ election	(名)	選挙
□ intelligent	(形)	利口な
□ ... enough to V	(熟)	Vするのに十分…

p.48

□ be kind to ～	(熟)	～に親切にする
□ spend お金 on ～	(熟)	お金を～に費やす
□ suddenly	(副)	突然
□ wealthy	(形)	裕福な
□ completely	(副)	完全に，全く
□ be characteristic of ～	(熟)	～の特徴をよく表している
□ volunteer	(動)	自発的に提供する［申し出る］
□ prepare for ～	(熟)	～の準備をする
□ examination	(名)	試験，調査
□ go easy	(熟)	気楽に構える
□ argument	(名)	議論
□ confidence	(名)	自信
□ roll	(動)	転がる

p.50

□ employee	(名)	従業員
□ on a ～ basis	(熟)	～の基準で
□ board	(名)	委員会
□ elect	(動)	選ぶ
□ recital	(名)	独奏会，独唱会
□ be in poor health	(熟)	健康がすぐれない
□ graduate from ～	(熟)	～を卒業する
□ empty	(形)	空の
□ float	(動)	浮く
□ at	(前)	～を目がけて
□ gain weight	(熟)	太る
□ have got to V	(熟)	Vしなければならない
= have to V		
□ experience	(名)	経験

p.52

□ in the sense that S V	(熟)	SがVするという意味で
□ globally	(副)	世界的規模で
□ interrelated	(形)	相互に関係がある
□ interdependent	(形)	相互依存している
□ urge	(名)	衝動
□ get the better of ～	(熟)	～に勝る
□ intelligent	(形)	利口な
□ in certain ways	(熟)	ある点で
□ profoundly	(副)	深く，大いに
□ humankind	(名)	人類
□ charity	(名)	慈善，思いやり
□ be secondary to ～	(熟)	～に次ぐ［劣る］
□ extend	(動)	延長する
□ arise	(動)	生じる，起こる

p.54

□ incorrect	(形)	正しくない
□ be at a loss	(熟)	途方に暮れている
□ at the beginning of ～	(熟)	～の初めに
□ entire	(形)	全体の
□ be on the road	(熟)	陸路で旅行している
□ need for ～	(熟)	～の必要

p.56

□ assure ～ (that) S V	(熟)	SがVすると～に保証する
□ continue to V	(熟)	Vし続ける
= continue Ving		
□ worry about ～	(熟)	～のことを心配する
□ make progress	(熟)	進歩する
□ substantial	(形)	十分な
□ try Ving	(熟)	試しにVしてみる

▼ Lesson 02　正誤問題

p.60-61

□ emphasize	(動)	強調する
□ revise	(動)	見直す
□ immigration	(名)	移民
□ curious	(形)	好奇心が強い

p.64

□ in order to V	(熟)	Vするために
□ unnecessarily	(副)	不必要に
□ loan	(名)	貸付（金）
□ no fewer than ～	(熟)	～もの
□ let	(動)	貸す
□ at ... rate	(熟)	…の料金［割合］で
□ rely on ～	(熟)	～に頼る
□ naturalistic	(形)	自然主義的な
□ acting	(名)	演出，演技
□ insistence	(名)	主張
□ explore	(動)	探求する
□ own	(動)	所有する
□ psyche	(名)	精神
□ role	(名)	役割，役
□ principal	(形)	主要な
□ vehicle	(名)	媒体
□ physical	(形)	自然界の，物質的な
□ attribute	(名)	特性
□ territory	(名)	領域
□ magnificent	(形)	壮大な
□ harbor	(名)	港
□ location	(名)	場所
□ navy	(名)	海軍
□ play a ... role	(熟)	…な役割を演じる
□ influential	(形)	有力な
□ dispute	(動)	議論する，争う
□ A such as ～	(熟)	例えば～のようなA
□ strait	(名)	海峡
□ central	(形)	中央の
□ replace	(動)	取って代わる
□ including	(前)	～を含めて
□ currently	(副)	現在は
□ independence	(名)	独立
□ currency	(名)	通貨
□ stability	(名)	安定性
□ internal	(形)	内部の

☐ market	(名) 市場

p.66

☐ be faced with ～	(熟) ～に直面する
☐ massive	(形) 大量の
☐ array	(名) 勢ぞろい
☐ firepower	(名) 火力, 兵器の破壊力
☐ the Gulf War	(名) 湾岸戦争
☐ company	(名) 会社
☐ surrender	(動) 降伏する
☐ agree to V	(熟) Vすることに同意する
☐ astounding	(形) 驚くべき
☐ billion	(名) 10 億
☐ punishment	(名) 罰
☐ legal	(形) 合法の
☐ tax	(動) 税金を課する
☐ product	(名) 製品
☐ millions of ～	(熟) 何百万もの～
☐ confirm	(動) 確かめる
☐ general	(形) 全般的な (名) 将軍
☐ blame	(動) 非難する, ～のせいにする
☐ global warming	(名) 地球温暖化
☐ authorize	(動) 許可する
☐ hundreds of ～	(熟) 何百もの～
☐ civilian	(形) 一般市民の
☐ killing	(名) 殺害
☐ atrocity	(名) 残虐行為
☐ wartime	(名) 戦時
☐ proceeding	(名) 処置, 処分
☐ commander	(名) 指揮官
☐ thousands of ～	(熟) 何千もの～
☐ wetland	(名) 湿地
☐ southern	(形) 南の
☐ teem with ～	(熟) ～で満ちる
☐ exotic	(形) 異国風の
☐ rare	(形) まれな, 珍しい
☐ delicate	(形) 繊細な, こわれやすい
☐ ecosystem	(名) 生態系
☐ sustain	(動) 支える
☐ more than ～	(熟) ～以上の
☐ species	(名) 種類
☐ endanger	(動) 危険にさらす

p.68

☐ consider O C	(動) OをCだと思う
☐ mistaken	(形) 誤解した, 誤った
☐ if S V	(接) SがVするかどうか
☐ continue Ving	(熟) Vすることを続ける
☐ weekend	(名) 週末
☐ plan to V	(熟) Vすることを計画する
☐ the same ～	(形) 同じ～
☐ so ... that S V	(構) とても…なのでSがVする
☐ temperature	(名) 気温, 温度
☐ infect	(動) 感染させる
☐ disease	(名) 病気
☐ not one of ～	(熟) ～の誰 1 人も・・・・・ない

☐ background	(名) 背景

p.70

☐ the answering machine	(名) 留守番電話
☐ receive	(動) 受け取る
☐ a great deal of ～	(熟) たくさんの～
☐ complaint	(名) 不平, 不満
☐ software	(名) ソフトウェア
☐ introduce	(動) 紹介する
☐ realize	(動) わかる
☐ a couple of ～	(熟) 2, 3の～
☐ herds of ～	(熟) ～の群
☐ cattle	(名) 牛
☐ ranch	(名) 牧場

p.72

☐ but	(前) ～を除いて
☐ organization	(名) 組織
☐ contrary to ～	(熟) ～に反して
☐ economist	(名) 経済学者
☐ prediction	(名) 予言
☐ coming	(形) 次の
☐ inflation	(名) インフレーション
☐ signal	(動) 合図する, 兆しとなる
☐ a round of ～	(熟) 一連の～
☐ wage	(名) 賃金
☐ index	(名) 指数
☐ slightly	(副) わずかに
☐ extreme	(形) 過度の
☐ patriot	(名) 愛国者
☐ shortage	(名) 不足
☐ amount	(名) 量
☐ accident	(名) 事故
☐ freeway	(名) 高速道路
☐ markedly	(副) 著しく
☐ strenuous	(形) 熱心な
☐ workout	(名) 練習
☐ feel C	(動) …な感じがする
☐ rather	(副) 幾分
☐ lie	(動) 横になる (自動詞 lie-lay-lain)
☐ instruct	(動) 指示する
☐ heart attack	(名) 心臓発作

p.74

☐ audience	(名) 聴衆
☐ let ～ V	(動) ～にVさせる
☐ speak up	(熟) 大きな声で話す
☐ insist	(動) 主張する
☐ practice	(動) 練習する
☐ regularly	(副) 定期的に
☐ excess	(形) 超過の
☐ threaten	(動) 脅かす
☐ union	(名) 組合
☐ Congressional	(形) 国会の
☐ investigation	(名) 調査
☐ bribe	(名) 賄賂

- [ ] rival (名) 競争相手

p.76

- [ ] close (動) 閉める
- [ ] playground (名) 遊び場
- [ ] both (形) 両方の
- [ ] in one's 20s (熟) ～の 20 代の時
- [ ] withdraw (動) 引き出す
- [ ] come across ～ (熟) ～に出くわす, ～が頭に浮かぶ
- [ ] blond (形) 金髪の
- [ ] wear (動) (表情などを) 浮かべる

p.78

- [ ] since S V (接) SがVするので
- [ ] it is worth while to V[Ving] (熟) Vする価値がある
  = it is worth Ving
- [ ] local train (名) 各駅停車
- [ ] vacuum (動) 電気掃除機で掃除する
- [ ] by oneself (熟) 独りで
- [ ] as far as S V (熟) SがVする限り (範囲)
  cf. as long as S V (熟) SがVする限り (条件)

p.80

- [ ] discuss (動) 論じる
- [ ] comprehension (名) 理解
- [ ] no less than ～ (熟) ～もの
- [ ] afford (動) 余裕がある
- [ ] expensive (形) 高価な
- [ ] the number of ～ (熟) ～の数
- [ ] on the increase (熟) 増加中で
- [ ] discourage ～ from Ving (熟) ～がVするのを思いとどまらせる
- [ ] mind (動) 気にする
- [ ] neither 助動詞[be動詞] S (構) Sも同様だ (前文が否定文の時)

p.82

- [ ] surprised (形) 驚いた
- [ ] oppose (動) 反対する
- [ ] so 助動詞[be動詞] S (構) Sも同様だ (前文が肯定文の時)
- [ ] professor (名) 教授
- [ ] lecture (動) 講義をする
- [ ] resource (名) 資源
- [ ] development (名) 開発
- [ ] be sure to V (熟) 確実にVする
- [ ] as ... as S can (熟) できる限り…
- [ ] make a fortune (熟) 財産を築く
- [ ] illegal (形) 違法な
- [ ] dishonor (名) 不名誉

p.84

- [ ] fiber-optic cable (名) 光ファイバーケーブル
- [ ] link (動) つなぐ
- [ ] there is[are] no ～ (熟) ～がない
- [ ] percentage (名) 割合
- [ ] matter (名) 問題
- [ ] person (名) 人
- [ ] surface (名) 表面
- [ ] tongue (名) 舌
- [ ] covered with ～ (熟) ～で覆われて
- [ ] tiny (形) 小さな

p.86

- [ ] male (形) 雄の
- [ ] weigh (動) 重さが …… ある
- [ ] population (名) 人口
- [ ] major (形) 主要な
- [ ] industrial (形) 産業の, 工業の
- [ ] rotation (名) 回転

p.88

- [ ] closet (名) 戸棚, 押し入れ
- [ ] sort out ～ (熟) ～を分類する
- [ ] on one's vacation (熟) 休暇で
- [ ] play (名) 脚本
- [ ] creep (動) 這う
- [ ] strip (名) 細長い一片
- [ ] shine (動) 輝く
- [ ] suffer (動) 被る
- [ ] manage to V (熟) どうにかVする
- [ ] have second thought(s) (熟) 考え直す
- [ ] in the middle of ～ (熟) ～のど真ん中に

p.90

- [ ] encounter (動) 出会う
- [ ] talent (名) 才能
- [ ] keep on Ving (熟) Vし続ける
- [ ] string (名) ひも, 弦
- [ ] endow A with B (熟) AにBを授ける
- [ ] sooner or later (熟) 遅かれ早かれ
- [ ] preserve (動) 保護する
- [ ] have an effect on ～ (熟) ～に影響を与える
- [ ] end up (by) Ving (熟) しまいにはVする
  cf. end up with ～ (熟) ついには～になる
- [ ] search (動) 探す
- [ ] the lost and found (office) (名) 遺失物取扱所
- [ ] haunted house (名) 幽霊屋敷

p.92

- [ ] opinion poll (名) 世論調査
- [ ] indicate (動) 指し示す
- [ ] two thirds of ～ (熟) ～の3分の2
- [ ] keep out of ～ (熟) ～に近づかない
- [ ] at the risk of ～ (熟) ～の危険を冒して
- [ ] accelerate (動) 加速する
- [ ] pressing (形) 緊急の
- [ ] period (名) 期間
- [ ] particular (形) 特定の
- [ ] previously (副) 以前に
- [ ] pose (動) (問題などを) 持ち出す
- [ ] threat (名) 脅威となるもの
- [ ] brass (形) 真鍮の
- [ ] brainstorm (名) ひらめき
- [ ] take place (熟) 起こる
- [ ] quarrel (名) 口論
- [ ] reign (名) 統治, 治世
- [ ] ambition (名) 野心

	語句	意味
□	presumptuous	(形) 無遠慮な
□	upstart	(名) 成り上がりもの
□	lesser	(形) 劣った
□	resentful	(形) 憤慨している
□	offend	(動) 不快にさせる

p.94

	語句	意味
□	acquaintance	(名) 知人
□	tiresome	(形) 退屈な
□	although S V	(接) SはVするけれども
□	dominate	(動) 支配する
□	rough	(形) 荒い
□	win A to ～	(熟) Aを～に従わせる
□	talk oneself out	(熟) 自分の言いたいことを話しつくす
□	place	(動) 置く
□	faith	(名) 信頼, 信仰, 信条
□	invent	(動) 発明する
□	current	(形) 現在の
□	state	(名) 状態
□	affair	(名) 問題
□	there is no Ving	(熟) Vできない
□	deny	(動) 否定する
□	contribution	(名) 貢献

p.96

	語句	意味
□	recommend	(動) 薦める
□	wonder if S V	(熟) SがVするかしらと思う
□	get through ～	(熟) ～を終える
□	A such as ～	(熟) ～のようなA
□	make sure (that) S V	(熟) SがVであることを確認する
□	bleach	(動) 漂白する
□	consist of ～	(熟) ～から成る
□	immigrant	(名) (外国からの) 移民者

p.98

	語句	意味
□	recognize	(動) それとわかる, 認識する
□	in good condition	(熟) 状態 [体調] がよい
□	make (both) ends meet	(熟) 赤字を出さずにやっていく
□	apologize for Ving	(熟) Vしたことをわびる
□	scrap	(動) 廃物にする
□	offer to V	(熟) Vすることを申し出る
□	get ～ Vpp	(熟) ～をVしてもらう [される]

p.100

	語句	意味
□	attempt at ～	(熟) ～への試み
□	solar heating	(熟) 太陽熱暖房
□	absorb	(動) 吸収する
□	plate	(名) 平板
□	environmentalist	(名) 環境論者
□	lead ～ to V	(熟) ～がVする原因となる
□	investigate	(動) 調査する
□	widespread	(形) 広範囲に及ぶ
□	how ... S V	(熟) Sがどれだけ…にVするか
□	come about	(熟) 起こる
□	mysterious	(形) 不可解な
□	trend toward ～	(熟) ～の流行
□	unisex	(形) 男女を区別しない
□	state	(名) 段階
□	distinguish A and B	(熟) AとBを区別する
□	unclothed	(形) 衣服を着ていない
□	librarian	(名) 司書
□	meaningful	(形) 意義深い
□	disagreement with ～	(熟) ～との不一致
□	classify	(動) 分類する
□	criteria	(名) criterion (基準) の複数形
□	include	(動) 含む
□	correctness	(名) 正確さ
□	classification	(名) 分類
□	(be) relative to ～	(熟) ～に関連している

▼ Lesson 03　整序問題

p.108

	語句	意味
□	means	(名) 手段
□	escape	(名) 逃亡, 脱出
□	consider	(動) 考える
□	suppose	(動) 思う
□	It is 人の性質を表す形容詞 (of ～) to V	(構) (～が) Vするのは…だ
□	government	(名) 政府
□	drug traffic	(名) 麻薬の密売

p.110

	語句	意味
□	how to V	(熟) Vする方法
□	inconvenience	(名) 不都合
□	cause A B	(動) AにBをもたらす
□	alike	(形) よく似て
□	wherever S V	(構) SがVするところはどこでも
□	whenever S V	(構) SがVするときはいつでも
□	be restricted to ～	(熟) ～に限られている
□	all over the world	(熟) 世界中で
□	suffer from ～	(熟) 病気にかかる, ～に苦しむ
□	sexual harassment	(名) セクハラ
□	form	(名) 形

p.112

	語句	意味
□	spend ～ (in) Ving	(熟) ～をVすることに費やす
□	too ... to V	(熟) …すぎてVできない
□	notice	(動) 気づく
□	secretary	(名) 秘書
□	get used to Ving	(熟) Vすることに慣れる
□	talk ～ into Ving	(熟) ～にVするように説得する

p.114

	語句	意味
□	barely	(副) 辛うじて
□	room	(名) 余地
□	imagine	(動) 想像する
□	painful	(形) 痛ましい
□	sight	(名) 光景
□	..... only to V	(構) ·····, そして結局Vする
□	... as it is	(構) …だけれども
□	can't help Ving	(熟) Vせざるをえない
□	admire	(動) 称賛する

p.116

	語句	意味
□	surprising	(形) 驚くべき
□	数字 times 比較級 than ～	(構) ～の□倍…
□	help oneself to ～	(熟) 自由に～を取る

- ☐ Would you mind Ving? (会) Vしてもいいですか
- ☐ prohibit ～ from Ving (熟) ～がVするのを禁止する

p.118

- ☐ neither of ～ ..... (構) どちらの～も・・・・・ない
- ☐ be good at Ving (熟) Vするのが上手だ
- ☐ write to ～ (熟) ～に手紙を書く
- ☐ help ～ (to) V (熟) ～がVするのを手伝う
- ☐ solve (動) ～を解く

p.120

- ☐ search (名) 捜索
- ☐ party (名) 一行
- ☐ track (名) 足跡
- ☐ disappear (動) 消える
- ☐ owing to ～ (熟) ～のために
- ☐ if S can help it (熟) できる限り
- ☐ expect ～ to V (熟) ～がVするのを期待する
- ☐ theory (名) 理論
- ☐ theoretical (形) 理論上の
- ☐ apply (動) 適用する
- ☐ district (名) 地方, 地域
- ☐ 数字 times as ... as ～ (構) ～の□倍…
- ☐ treatment (名) 治療
- ☐ specialist (名) 専門家
- ☐ recovery (名) 回復

p.122

- ☐ in the meantime (熟) その間に
- ☐ in case of ～ (熟) ～の場合は
- ☐ emergency (名) 緊急
- ☐ once in a while (熟) 時々
- ☐ go into details (熟) 詳細にわたる

p.124

- ☐ ～ of one's own (熟) 自分自身の～
- ☐ long for ～ (熟) ～を切望する
- ☐ last (動) 続く
- ☐ realist (名) 現実主義者

p.126

- ☐ lock out (熟) (鍵をかけて) 締め出す
- ☐ intelligent (形) 利口な
- ☐ take (動) 必要とする
- ☐ emotion (名) 感情
- ☐ get the better of ～ (熟) ～に勝る, ～を負かす

p.128

- ☐ expect ～ to V (熟) ～がVすると予期する
- ☐ convince (動) 説得する
- ☐ sign (名) 標識, 看板
- ☐ leave ～ un-Vpp (熟) ～がVされないままにしておく
- ☐ the last thing S V (熟) Sが最もVしないもの
- ☐ relative (名) 親戚
- ☐ no [not] ..... have any idea (熟) 全くわからない [知らない]
- ☐ behave (動) 振る舞う

▼ Lesson 04 その他

p.132-133

- ☐ neat (形) きちんとした
- ☐ intimate (形) 親密な
- ☐ tidy (形) きちんとした

p.134-135

- ☐ transparent (形) 透明な

p.136

- ☐ be fond of ～ (熟) ～が好きである
- ☐ in love with ～ (熟) ～に恋して
- ☐ call in (熟) ちょっと立ち寄る
- ☐ check (動) 調べる
- ☐ utterly (副) 全く
- ☐ confident (形) 確信して
- ☐ rest (名) 残り
- ☐ funny (形) おかしい
- ☐ reassuring (形) 安心を与える
- ☐ surrounded by ～ (熟) ～に囲まれて
- ☐ secure (形) 安全な, 安心して
- ☐ enthusiasm (名) 熱中, 熱狂
- ☐ comfort (名) 慰め

p.138

- ☐ for the moment (熟) 今のところ
- ☐ hold the line (熟) (電話を) 切らないでおく
- ☐ put away ～ (熟) ～を片付ける
- ☐ in vain (熟) 無駄に
- ☐ calm (形) 穏やかな
- ☐ keep one's eye on ～ (熟) ～を見張る
- ☐ modern (形) 近現代の
- ☐ intensive (形) 集中的な
- ☐ farming (名) 農業
- ☐ reintroduction (名) 再導入
- ☐ traditional (形) 伝統的な
- ☐ method (名) 方法
- ☐ immediately (副) すぐに
- ☐ give way to ～ (熟) ～に取って代わられる
- ☐ get one's own way (熟) 自分勝手な行動をする
- ☐ washing machine (名) 洗濯機
- ☐ spare (形) 予備の
- ☐ be out of order (熟) 故障している

p.140

- ☐ beat around the bush (熟) 遠回しに言う
- ☐ get to the point (熟) 肝心な点を言う
- ☐ career (名) 職業
- ☐ work out (熟) 解決する
- ☐ be aware[conscious] of ～ (熟) ～に気づいている

p.142

- ☐ come up to ～ (熟) ～ (の期待) に沿う
- ☐ come off (熟) (ボタンなどが) とれる
- ☐ be sick of ～ (熟) ～にうんざりしている
- ☐ be sick for ～ (熟) ～が恋しい
- ☐ border (名) 国境
- ☐ in demand (熟) 需要がある
- ☐ on demand (熟) 要請があったらすぐに
- ☐ repair (動) 修理する
- ☐ flat tire (名) パンクしたタイヤ
- ☐ flat (名) アパート

p.144

- ☐ be indispensable to ～ (熟) ～にとっては欠くことができない
- ☐ be as good as one's word (熟) 約束を守る
- ☐ break one's promise (熟) 約束を破る
- ☐ run out of ～ (熟) ～を切らす
- ☐ optimistic (形) 楽観的な
- ☐ approve of ～ (熟) ～をよく思う
- ☐ address oneself (熟) 話しかける, 取り組む
- ☐ principal (名) 校長

p.146

- ☐ be bored with ～ (熟) ～が退屈である
- ☐ fall asleep (熟) 寝入る
- ☐ with one's eyes closed (熟) 目を閉じて

p.148

- ☐ do the laundry (熟) 洗濯をする
- ☐ make a promise (熟) 約束をする
- ☐ give[make] a speech (熟) 演説をする
- ☐ get around (熟) 歩き［動き］まわる
- ☐ on second thought(s) (熟) 考え直して
- ☐ hesitate to V (熟) Vするのをためらう
- ☐ direction (名) 方角, 方向
- ☐ railway crossing (名) 鉄道の踏切

p.150

- ☐ interesting (形) おもしろい
- ☐ whole (形) 全体の
- ☐ false (形) 間違った
- ☐ assumption (名) 仮定
- ☐ take a rest (熟) ひと休みする
- ☐ let ～ rest (熟) ～を保留する
- ☐ keep ～ from Ving (熟) ～にVさせないでおく
- ☐ admit (動) 認める
- ☐ mistake (名) 誤り
- ☐ point (動) 指さす
- ☐ fine (形) 素晴らしい
- ☐ pride oneself on ～ (熟) ～を誇りに思う
- ☐ store (動) 貯蔵する, 保管する
- ☐ petrol (名) ガソリン
- ☐ save (動) 貯める
- ☐ impress (動) 感動させる
- ☐ content (名) 内容
- ☐ a large quantity of ～ (熟) 大量の～
- ☐ in quantity (熟) 大量に
- ☐ crowded (形) 混んだ
- ☐ pollution (名) 汚染
- ☐ free of ～ (熟) ～がない
- ☐ defend (動) 守る
- ☐ take ～ by surprise (熟) ～を驚かせる
- ☐ What's the matter? (会) どうしましたか
- ☐ in surprise (熟) 驚いて

p.152

- ☐ at any rate (熟) いずれにせよ
- ☐ put trust in ～ (熟) ～を信用する
- ☐ go ahead (熟) (ためらわずに) 進める
- ☐ take apart ～ (熟) ～を分解する
- ☐ put together ～ (熟) ～を組み立てる
- ☐ investment (名) 投資
- ☐ make money (熟) お金を稼ぐ
- ☐ make light of ～ (熟) ～を軽んじる
- ☐ predicament (名) 事態, 苦境
- ☐ refuse to V (熟) Vすることを拒む
- ☐ take ～ seriously (熟) ～を真剣に扱う
- ☐ go out of sight (熟) 見えなくなる

p.154

- ☐ take A for B (熟) AをBと思う
- ☐ continual (形) 継続的な
- ☐ despair (名) 絶望
- ☐ drive 人 to ～ (熟) 人を～の状態へ追いやる
- ☐ put off Ving (熟) Vするのを延期する
- ☐ temptation (名) 誘惑
- ☐ give in to ～ (熟) ～に屈する
- ☐ chitchat (名) おしゃべり
- ☐ be fed up with ～ (熟) ～にはうんざりしている

p.156

- ☐ make an appointment with ～ (熟) ～に予約を入れる
- ☐ representative (名) 代表者, 代理人
- ☐ those who V (熟) Vする人々
- ☐ on [in] behalf of ～ (熟) ～を代表して, ～のために
- ☐ waste (名) 浪費, 無駄
- ☐ a large amount of ～ (熟) 大量［多額］の～
- ☐ expertise (名) 専門知識［技術］
- ☐ run ～ aground (熟) ～を座礁させる
- ☐ show off ～ (熟) ～を誇示する［見せびらかす］
- ☐ sleeping pill (熟) 睡眠薬
- ☐ wear off (熟) 徐々になくなる
- ☐ spill (動) こぼす
- ☐ get revenge on ～ (熟) ～に仕返しする
- ☐ take ～ by surprise (熟) ～を驚かせる

p.158

- ☐ constantly (副) 絶えず
- ☐ gain in popularity (熟) 人気を博す
- ☐ consist in ～ (熟) ～にある
- ☐ absence (名) 不在
- ☐ be known for ～ (熟) ～で知られている
- ☐ be scheduled for ～ (熟) ～に予定されている
- ☐ change for the better (熟) 快方に向かう
- ☐ destination (名) 目的地
- ☐ by the time S V (熟) SがVするまでに
- ☐ as time goes by (熟) ～時が経つにつれて
- ☐ path (名) 道, 行路
- ☐ be peculiar to ～ (熟) ～に特有である
- ☐ the continent (熟) (イギリスから見て) ヨーロッパ本土
- ☐ grown-up (名) 大人
- ☐ know better than to V (熟) Vしないだけの分別を持つ
- ☐ prizewinner (名) 受賞者
- ☐ inquiry (名) 質問, 問い合わせ
- ☐ hesitate to V (熟) Vするのをためらう
- ☐ contact (動) 連絡を取る

MEMO

MEMO

大学受験　レベル別問題集シリーズ

英文法レベル別問題集⑥ 最上級編【3訂版】

発行日：2024年　6月 25日　初版発行

著者：安河内哲也
発行者：永瀬昭幸

編集担当：山村帆南
発行所：株式会社ナガセ
〒180-0003 東京都武蔵野市吉祥寺南町 1-29-2
出版事業部（東進ブックス）
TEL：0422-70-7456 ／ FAX：0422-70-7457
URL：http://www.toshin.com/books（東進 WEB 書店）
※本書を含む東進ブックスの最新情報は東進WEB書店をご覧ください。

制作協力：株式会社ティーシーシー（江口里菜）
編集主幹：木下千尋
校閲協力：松本六花　湯本実果里　吉田美涼
DTP・装丁：東進ブックス編集部
印刷・製本：日経印刷株式会社

ISBN978-4-89085-963-4 C7382

合格の秘訣1
全国屈指の実力講師陣

東進の実力講師陣 数多くのベストセラー参考書を執筆!!

東進ハイスクール・東進衛星予備校では、そうそうたる講師陣が君を熱く指導する!

本気で実力をつけたいと思うなら、やはり根本から理解させてくれる一流講師の授業を受けることが大切です。東進の講師は、日本全国から選りすぐられた大学受験のプロフェッショナル。何万人もの受験生を志望校合格へ導いてきたエキスパート達です。

英語

本物の英語力をとことん楽しく!日本の英語教育をリードするMr.4Skills.

安河内 哲也先生 [英語]

100万人を魅了した予備校界のカリスマ。抱腹絶倒の名講義を見逃すな!

今井 宏先生 [英語]

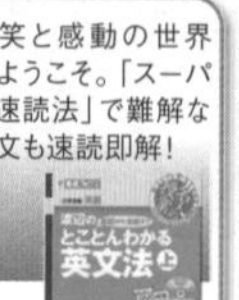
爆笑と感動の世界へようこそ。「スーパー速読法」で難解な長文も速読即解!

渡辺 勝彦先生 [英語]

雑誌『TIME』やベストセラーの翻訳も手掛け、英語界でその名を馳せる実力講師。

宮崎 尊先生 [英語]

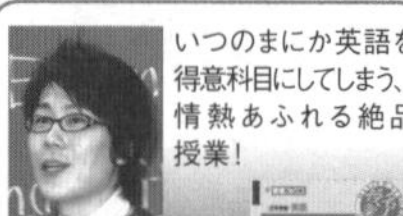
いつのまにか英語を得意科目にしてしまう、情熱あふれる絶品授業!

大岩 秀樹先生 [英語]

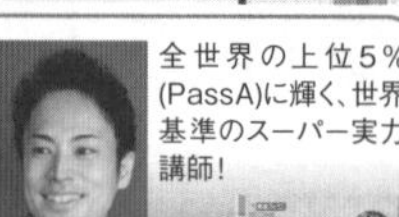
全世界の上位5%(PassA)に輝く、世界基準のスーパー実力講師!

武藤 一也先生 [英語]

関西の実力講師が、全国の東進生に「わかる」感動を伝授。

慎 一之先生 [英語]

数学

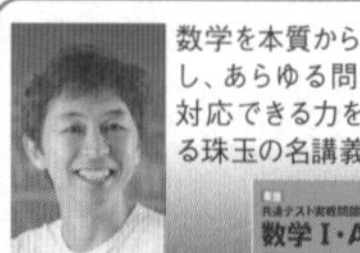
数学を本質から理解し、あらゆる問題に対応できる力を与える珠玉の名講義!

志田 晶先生 [数学]

論理力と思考力を鍛え、問題解決力を養成。多数の東大合格者を輩出!

青木 純二先生 [数学]

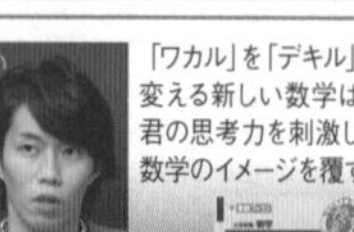
「ワカル」を「デキル」に変える新しい数学は、君の思考力を刺激し、数学のイメージを覆す!
松田 聡平先生 [数学]

明快かつ緻密な講義が、君の「自立した数学力」を養成する!

寺田 英智先生 [数学]

WEBで体験

東進ドットコムで授業を体験できます!
実力講師陣の詳しい紹介や、各教科の学習アドバイスも読めます。
www.toshin.com/teacher/

国語

「脱・字面読み」トレーニングで、「読む力」を根本から改革する!

輿水 淳一先生
[現代文]

明快な構造板書と豊富な具体例で必ず君を納得させる!「本物」を伝える現代文の新鋭。

西原 剛先生
[現代文]

東大・難関大志望者から絶大なる信頼を得る本質の指導を追究。

栗原 隆先生
[古文]

ビジュアル解説で古文を簡単明快に解き明かす実力講師。

富井 健二先生
[古文]

縦横無尽な知識に裏打ちされた立体的な授業に、グングン引き込まれる!

三羽 邦美先生
[古文・漢文]

幅広い教養と明解な具体例を駆使した緩急自在の講義。漢文が身近になる!

寺師 貴憲先生
[漢文]

小論文、総合型、学校推薦型選抜のスペシャリストが、君の学問センスを磨き、執筆プロセスを直伝!

正司 光範先生
[小論文]

文章で自分を表現できれば、受験も人生も成功できますよ。「笑顔と努力」で合格を!

石関 直子先生
[小論文]

理科

正しい道具の使い方で、難問が驚くほどシンプルに見えてくる!

宮内 舞子先生
[物理]

化学現象を疑い化学全体を見通す"伝説の講義"は東大理三合格者も絶賛。

鎌田 真彰先生
[化学]

「なぜ」をとことん追究し「規則性」「法則性」が見えてくる大人気の授業!

立脇 香奈先生
[化学]

「いきもの」をこよなく愛する心が君の探究心を引き出す!生物の達人。

飯田 高明先生
[生物]

地歴公民

歴史の本質に迫る授業と、入試頻出の「表解板書」で圧倒的な信頼を得る!

金谷 俊一郎先生
[日本史]

つねに生徒と同じ目線に立って、入試問題に対する的確な思考法を教えてくれる。

井之上 勇先生
[日本史]

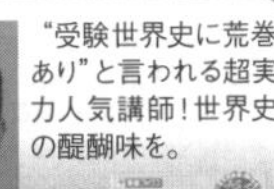

"受験世界史に荒巻あり"と言われる超実力人気講師!世界史の醍醐味を。

荒巻 豊志先生
[世界史]

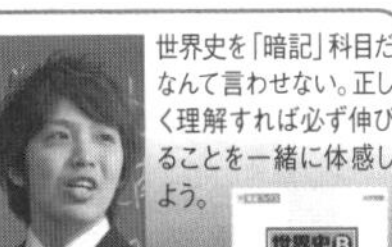

世界史を「暗記」科目だなんて言わせない。正しく理解すれば必ず伸びることを一緒に体感しよう。

加藤 和樹先生
[世界史]

どんな複雑な歴史も難問も、シンプルな解説で本質から徹底理解できる。

清水 裕子先生
[世界史]

わかりやすい図解と統計の説明に定評。

山岡 信幸先生
[地理]

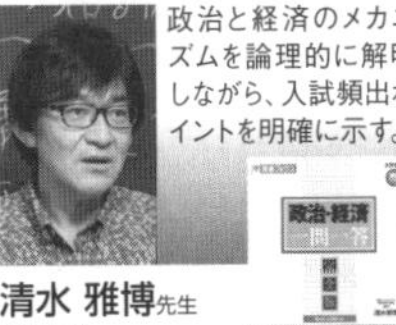

政治と経済のメカニズムを論理的に解明しながら、入試頻出ポイントを明確に示す。

清水 雅博先生
[公民]

「今」を知ることは「未来」の扉を開くこと。受験に留まらず、目標を高く、そして強く持て!

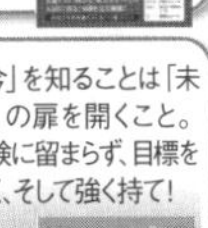

執行 康弘先生
[公民]

※書籍画像は2024年3月末時点のものです。

合格の秘訣2 ココが違う 東進の指導

01 人にしかできないやる気を引き出す指導

夢と志は志望校合格への原動力！

夢・志を育む指導

東進では、将来を考えるイベントを毎月実施しています。夢・志は大学受験のその先を見据える、学習のモチベーションとなります。仲間とワクワクしながら将来の夢・志を考え、さらに志を言葉で表現していく機会を提供します。

一人ひとりを大切に君を個別にサポート

担任指導

東進が持つ豊富なデータに基づき君だけの合格設計図をともに考えます。熱誠指導でどんな時でも君のやる気を引き出します。

受験は団体戦！仲間と努力を楽しめる

チーム制

東進ではチームミーティングを実施しています。週に1度学習の進捗報告や将来の夢・目標について語り合う場です。一人じゃないから楽しく頑張れます。

現役合格者の声

東京大学 文科一類
中村 誠雄くん
東京都 私立 駒場東邦高校卒

林修先生の現代文記述・論述トレーニングは非常に良質で、大いに受講する価値があると感じました。また、担任指導やチームミーティングは心の支えでした。現状を共有でき、話せる相手がいることは、東進ならではで、受験という本来孤独な闘いにおける強みだと思います。

02 人間には不可能なことをAIが可能に

学力×志望校 一人ひとりに最適な演習をAIが提案！

AI演習

東進のAI演習講座は2017年から開講していて、のべ100万人以上の卒業生の、200億題にもおよぶ学習履歴や成績、合否等のビッグデータと、各大学入試を徹底的に分析した結果等の教務情報をもとに年々その精度が上がっています。2024年には全学年にAI演習講座が開講します。

AI演習講座ラインアップ

高3生 苦手克服＆得点力を徹底強化！

「志望校別単元ジャンル演習講座」
「第一志望校対策演習講座」
「最難関4大学特別演習講座」

高2生 大学入試の定石を身につける！

「個人別定石問題演習講座」

高1生 素早く、深く基礎を理解！

「個人別基礎定着問題演習講座」 2024年夏 新規開講

現役合格者の声

千葉大学 医学部医学科
寺嶋 伶旺くん
千葉県立 船橋高校卒

高1の春に入学しました。野球部と両立しながら早くから勉強をする習慣がついていたことは僕が合格した要因の一つです。「志望校別単元ジャンル演習講座」は、AIが僕の苦手を分析して、最適な問題演習セットを提示してくれるため、集中的に弱点を克服することができました。

「遠くて東進の校舎に通えない……」。そんな君も大丈夫！ 在宅受講コースなら自宅のパソコンを使って勉強できます。ご希望の方には、在宅受講コースのパンフレットをお送りいたします。お電話にてご連絡ください。学習・進路相談も随時可能です。

0120-531-104

03 本当に学力を伸ばすこだわり

楽しい！わかりやすい！そんな講師が勢揃い

実力講師陣

わかりやすいのは当たり前！おもしろくてやる気の出る授業を約束します。1・5倍速×集中受講の高速学習。そして、12レベルに細分化された授業を組み合わせ、スモールステップで学力を伸ばす君だけのカリキュラムをつくります。

英単語1800語を最短1週間で修得！

高速マスター

基礎・基本を短期間で一気に身につける「高速マスター基礎力養成講座」を設置しています。オンラインで楽しく効率よく取り組めます。

本番レベル・スピード返却学力を伸ばす模試

東進模試

常に本番レベルの厳正実施。合格のために何をすべきか点数でわかります。WEBを活用し、最短中3日の成績表スピード返却を実施しています。

パーフェクトマスターのしくみ

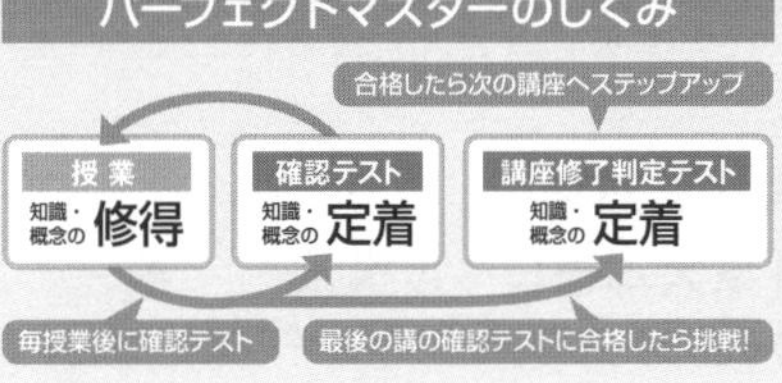

現役合格者の声

早稲田大学 基幹理工学部
津行 陽奈さん
神奈川県 私立 横浜雙葉高校卒

私が受験において大切だと感じたのは、長期的な積み重ねです。基礎力をつけるために「高速マスター基礎力養成講座」や授業後の「確認テスト」を満点にすること、模試の復習などを積み重ねていくことでどんどん合格に近づき合格することができたと思っています。

君の高校の進度に合わせて学習し、定期テストで高得点を取る！

ついに登場！ 高等学校対応コース

目指せ！「定期テスト」20点アップ！「先取り」で学校の勉強がよくわかる！

楽しく、集中が続く、授業の流れ

1. 導入

授業の冒頭では、講師と担任助手の先生が今回扱う内容を紹介します。

2. 授業

約15分の授業でポイントをわかりやすく伝えます。要点はテロップでも表示されるので、ポイントがよくわかります。

3. まとめ

授業が終わったら、次は確認テスト。その前に、授業のポイントをおさらいします。

合格の秘訣3 **東進模試**

申込受付中

※お問い合わせ先は付録7ページをご覧ください。

学力を伸ばす模試

本番を想定した「厳正実施」
統一実施日の「厳正実施」で、実際の入試と同じレベル・形式・試験範囲の「本番レベル」模試。
相対評価に加え、絶対評価で学力の伸びを具体的な点数で把握できます。

12大学のべ42回の「大学別模試」の実施
予備校界随一のラインアップで志望校に特化した"学力の精密検査"として活用できます(同日・直近日体験受験を含む)。

単元・ジャンル別の学力分析
対策すべき単元・ジャンルを一覧で明示。学習の優先順位がつけられます。

最短中5日で成績表返却
WEBでは最短中3日で成績を確認できます。※マーク型の模試のみ

合格指導解説授業
模試受験後に合格指導解説授業を実施。重要ポイントが手に取るようにわかります。

2024年度

東進模試 ラインアップ

共通テスト対策
- 共通テスト本番レベル模試 …… 全4回
- 全国統一高校生テスト〈全学年統一部門〉〈高2生部門〉〈高1生部門〉 …… 全2回

同日体験受験
- 共通テスト同日体験受験 …… 全1回

記述・難関大対策
- 早慶上理・難関国公立大模試 全5回
- 全国有名国公私大模試 …… 全5回
- 医学部82大学判定テスト …… 全2回

基礎学力チェック
- 高校レベル記述模試〈高2〉〈高1〉 …… 全2回
- 大学合格基礎力判定テスト …… 全4回
- 全国統一中学生テスト〈全学年統一部門〉〈中2生部門〉〈中1生部門〉 …… 全2回
- 中学学力判定テスト〈中2生〉〈中1生〉 …… 全4回

※ 2024年度に実施予定の模試は、今後の状況により変更する場合があります。
最新の情報はホームページでご確認ください。

大学別対策
- 東大本番レベル模試 …… 全4回
- 高2東大本番レベル模試 全4回
- 京大本番レベル模試 …… 全4回
- 北大本番レベル模試 …… 全2回
- 東北大本番レベル模試 …… 全2回
- 名大本番レベル模試 …… 全3回
- 阪大本番レベル模試 …… 全3回
- 九大本番レベル模試 …… 全3回
- 東工大本番レベル模試[第1回] 東京科学大本番レベル模試[第2回] 全2回
- 一橋大本番レベル模試 …… 全2回
- 神戸大本番レベル模試 …… 全2回
- 千葉大本番レベル模試 …… 全1回
- 広島大本番レベル模試 …… 全1回

同日体験受験
- 東大入試同日体験受験 …… 全1回
- 東北大入試同日体験受験 …… 全1回
- 名大入試同日体験受験 …… 全1回

直近日体験受験 …… 各1回
- 京大入試 直近日体験受験
- 北大入試 直近日体験受験
- 阪大入試 直近日体験受験
- 九大入試 直近日体験受験
- 東京科学大入試 直近日体験受験
- 一橋大入試 直近日体験受験

2024年 東進現役合格実績

受験を突破する力は未来を切り拓く力！

東大現役合格実績日本一 ※1 6年連続800名超！

※1 2023年東大現役合格実績をホームページ・パンフレット・チラシ等で公表している予備校の中で最大（2023年JDnet調べ）。

東大834名

文科一類 118名　理科一類 300名
文科二類 115名　理科二類 121名
文科三類 113名　理科三類 42名
学校推薦型選抜 25名

東進生現役占有率 834／2,284
36.5%

全現役合格者に占める東進生の割合

2024年の東大全体の現役合格者は2,284名。東進の現役合格者は834名。東進生の占有率は36.5%。現役合格者の2.8人に1人が東進生です。

学校推薦型選抜も東進！

東大25名

学校推薦型選抜 現役合格者の27.7%が東進生！

推薦入試でも東進生現役占有率 27.7%

法学部	4名	工学部	8名
経済学部	1名	理学部	4名
文学部	1名	薬学部	2名
教育学部	1名	医学部医学科	1名
教養学部	3名		

京大493名 昨対+21名

総合人間学部	23名	医学部人間健康科学科	20名
文学部	37名	薬学部	14名
教育学部	10名	工学部	161名
法学部	56名	農学部	43名
経済学部	49名	特色入試（上記に含む）	24名
理学部	52名		
医学部医学科	28名		

'22 468名　'23 472名　'24 493名　史上最高！※2　現役生のみ！講習生を含まず！

早慶5,980名 昨対+239名

早稲田大 3,582名 史上最高！※2

政治経済学部	472名
法学部	354名
商学部	297名
文化構想学部	276名
理工3学部	752名
他	1,431名

慶應義塾大 2,398名 史上最高！※2

法学部	290名
経済学部	368名
商学部	487名
理工学部	576名
医学部	39名
他	638名

医学部医学科 1,800名 昨対+9名

国公立医・医 1,033名 防衛医科大学校を含む
私立医・医 767名 史上最高！※2

国公立医・医 1,033名 防衛医科大学校を含む

東京大	43名	名古屋大	28名	筑波大	21名	横浜市立大	14名	神戸大	30名
京都大	28名	大阪大	23名	千葉大	25名	浜松医科大	19名	その他	
北海道大	18名	九州大	23名	東京医科歯科大	21名	大阪公立大	12名	国公立医・医	700名
東北大	28名								

私立医・医 767名 昨対+40名 史上最高！※2

自治医科大	32名	慶應義塾大	39名	東京慈恵会医科大	30名	関西医科大	49名	その他	
国際医療福祉大	80名	順天堂大	52名	日本医科大	42名			私立医・医	443名

旧七帝大＋東工大・一橋大・神戸大 4,599名

東京大	834名	東北大	389名	九州大	487名	一橋大	219名
京都大	493名	名古屋大	379名	東京工業大	219名	神戸大	483名
北海道大	450名	大阪大	646名				

上理明青立法中 21,018名

上智大	1,605名	青山学院大	2,154名	法政大	3,833名
東京理科大	2,892名	立教大	2,730名	中央大	2,855名
明治大	4,949名				

国公立大16,320名

※2 史上最高…東進のこれまでの実績の中で最大。

関関同立 13,491名

関西学院大	3,139名	同志社大	3,099名	立命館大	4,477名
関西大	2,776名				

国公立 総合・学校推薦型選抜も東進！

旧七帝大＋東工大・一橋大・神戸大 434名

国公立医・医 319名

東京大	25名	大阪大	57名
京都大	24名	九州大	38名
北海道大	24名	東京工業大	30名
東北大	119名	一橋大	10名
名古屋大	65名	神戸大	42名

国公立大学の総合型・学校推薦型選抜の合格実績は、指定校推薦を除く、早稲田塾を含まない東進ハイスクール・東進衛星予備校の現役生のみの合同実績です。

日東駒専 9,582名

日本大 3,560名　東洋大 3,575名　駒澤大 1,070名　専修大 1,377名

産近甲龍 6,085名

京都産業大 614名　近畿大 3,686名　甲南大 669名　龍谷大 1,116名

ウェブサイトでもっと詳しく　東進　検索

2024年3月31日締切

各大学の合格実績は、東進ネットワーク（東進ハイスクール、東進衛星予備校、早稲田塾）の現役生のみ、高３時在籍者のみの合同実績です。一人で複数合格した場合は、それぞれの合格者数に計上しています。

東進へのお問い合わせ・資料請求は
東進ドットコム www.toshin.com
もしくは下記のフリーコールへ！

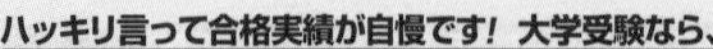

東進ハイスクール

トーシン ゴーゴーゴー
0120-104-555

●東京都

[中央地区]

- □市ヶ谷校 0120-104-205
- □新宿エルタワー校 0120-104-121
- ＊新宿校大学受験本科 0120-104-020
- 高田馬場校 0120-104-770
- □人形町校 0120-104-075

[城北地区]

- 赤羽校 0120-104-293
- 本郷三丁目校 0120-104-068
- 茗荷谷校 0120-738-104

[城東地区]

- 綾瀬校 0120-104-762
- 金町校 0120-452-104
- 亀戸校 0120-104-889
- □★北千住校 0120-693-104
- 錦糸町校 0120-104-249
- □豊洲校 0120-104-282
- 西新井校 0120-266-104
- 西葛西校 0120-289-104
- 船堀校 0120-104-201
- 門前仲町校 0120-104-016

[城西地区]

- □池袋校 0120-104-062
- 大泉学園校 0120-104-862
- 荻窪校 0120-687-104
- 高円寺校 0120-104-627
- 石神井校 0120-104-159
- □巣鴨校 0120-104-780
- 成増校 0120-028-104
- 練馬校 0120-104-643

[城南地区]

- 大井町校 0120-575-104
- 蒲田校 0120-265-104
- 五反田校 0120-672-104
- 三軒茶屋校 0120-104-739
- □渋谷駅西口校 0120-389-104
- 下北沢校 0120-104-672
- □自由が丘校 0120-964-104
- □成城学園前駅校 0120-104-616
- 千歳烏山校 0120-104-331
- 千歳船橋校 0120-104-825
- 都立大学駅前校 0120-275-104
- 中目黒校 0120-104-261
- □二子玉川校 0120-104-959

[東京都下]

- □吉祥寺南口校 0120-104-775
- 国立校 0120-104-599
- 国分寺校 0120-622-104
- □立川駅北口校 0120-104-662
- 田無校 0120-104-272
- □調布校 0120-104-305
- 八王子校 0120-896-104
- 東久留米校 0120-565-104
- 府中校 0120-104-676
- □★町田校 0120-104-507
- 三鷹校 0120-104-149
- 武蔵小金井校 0120-480-104
- 武蔵境校 0120-104-769

●神奈川県

- 青葉台校 0120-104-947
- 厚木校 0120-104-716
- 川崎校 0120-226-104
- 湘南台東口校 0120-104-706
- 新百合ヶ丘校 0120-104-182
- センター南駅前校 0120-104-722
- たまプラーザ校 0120-104-445
- 鶴見校 0120-876-104
- 登戸校 0120-104-157
- 平塚校 0120-104-742
- □藤沢校 0120-104-549
- □武蔵小杉校 0120-165-104
- □★横浜校 0120-104-473

●埼玉県

- □浦和校 0120-104-561
- □大宮校 0120-104-858
- 春日部校 0120-104-508
- 川口校 0120-917-104
- 川越校 0120-104-538
- 小手指校 0120-104-759
- 志木校 0120-104-202
- せんげん台校 0120-104-388
- 草加校 0120-104-690
- 所沢校 0120-104-594
- □★南浦和校 0120-104-573
- 与野校 0120-104-755

●千葉県

- 我孫子校 0120-104-253
- 市川駅前校 0120-104-381
- 稲毛海岸校 0120-104-575
- □海浜幕張校 0120-104-926
- □★柏校 0120-104-353
- 北習志野校 0120-344-104
- □新浦安校 0120-556-104
- 新松戸校 0120-104-354
- 千葉校 0120-104-564
- □★津田沼校 0120-104-724
- 成田駅前校 0120-104-346
- 船橋校 0120-104-514
- 松戸校 0120-104-257
- 南柏校 0120-104-439
- 八千代台校 0120-104-863

●茨城県

- つくば校 0120-403-104
- 取手校 0120-104-328

●静岡県

- ★静岡校 0120-104-585

●奈良県

- ★奈良校 0120-104-597

★ は高卒本科（高卒生）設置校
＊ は高卒生専用校舎
□ は中学部設置校

※変更の可能性があります。
最新情報はウェブサイトで確認できます。

全国約1,000校、10万人の高校生が通う、

東進衛星予備校

トーシン ゴーサイン
0120-104-531

近くに東進の校舎がない高校生のための

東進ハイスクール 在宅受講コース

ゴーサイン トーシン
0120-531-104

ここでしか見られない受験と教育の最新情報が満載！

東進ドットコム

www.toshin.com

東進 検索

東進TV

東進のYouTube公式チャンネル「東進TV」。日本全国の学生レポーターがお送りする大学・学部紹介は必見！

大学入試過去問データベース

君が目指す大学の過去問を素早く検索できる！ 2024年入試の過去問も閲覧可能！

※2024年4月現在